李克強

次期中国首相 本心インタビュー

世界征服戦略の真実

大川隆法
RYUHO OKAWA

まえがき

拙著《せっちょ》『世界皇帝をめざす男』（幸福実現党刊）では、中国の次期国家主席と目《もく》される習近平《しゅうきんぺい》氏の実像に迫った。彼は、スケールの大きな野心家だが、少し脇が甘い感じがした。

これに対し、次期中国首相と目される李克強《りこくきょう》氏は、同じく野心家ながら、実務家エリートタイプで、実権を握ってくる男だと思われる。この二人の歯車が見事にかみ合ったら、中国という国は、恐ろしい強国になるだろう。

果たして今の日本の政治家で対抗《たいこう》できるのか。中国のマスコミも極右《きょくう》（強盛大国《きょうせいたいこく》化《か》）でほぼ一本化されているが、左翼《さよく》（売国傾向化《ばいこくけいこうか》）が強い日本のマスコミで太刀打《たちう》ちできるのか。

まず相手の実力を見極《みきわ》めて「国防」を考えるべきだ。本書自体が、強力な兵法書《へいほうしょ》ともなるだろう。

二〇一二年　八月二十一日

幸福《こうふく》の科学《かがく》グループ創始者兼総裁《そうししゃけんそうさい》　大川隆法《おおかわりゅうほう》

李克強　次期中国首相　本心インタビュー　目次

まえがき　1

李克強《りこくきょう》　次期中国首相　本心インタビュー

――世界征服戦略の真実――

二〇一二年八月十三日　李克強守護霊《しゅごれい》の霊示
幸福の科学「奥《おく》の院精舎《いんしょうじゃ》」にて

1　中国の次期首相候補・李克強とは、どんな人物か　13
中国・韓国《かんこく》・北朝鮮《きたちょうせん》との紛争《ふんそう》危機が迫《せま》っている　13
「エリート中のエリート」と目《もく》される李克強の力量はいかに？　15

〝人間情報兵器〟として「李克強の本心」を探《さぐ》り出す　19

2　李克強副首相の守護霊を招霊《しょうれい》する　21

突然《とつぜん》の招霊に混乱する李克強守護霊　21
李克強守護霊に「霊としての自覚」を問う　28
中国では「超能力《ちょうのうりょく》は認めるが、霊界《れいかい》は認めない」？　32

3　「次期国家主席」をめぐる権力闘争《とうそう》の内幕　38

「胡錦濤《こきんとう》」対「習近平《しゅうきんぺい》」の戦いも最終局面　38
内部闘争に勝つカギは「人民解放軍の掌握《しょうあく》」　42
胡錦濤と習近平、両者の駆《か》け引きをどう読むか　46
「李克強国家主席」の可能性はあるのか　48
「小沢一郎《おざわいちろう》氏と深い関係にある」という噂《うわさ》は本当か　52
習近平氏が世界帝国《ていこく》をつくるなら、「私は裏で実権を握《にぎ》る」　55

4　中国外交戦略についての「本音」を探る　60

日本は国家ではなく「アメリカの付録」のようなもの　60
石原都知事が尖閣《せんかく》に上陸したら、「撃《う》ち落とすか、沈《しず》める」　64
米軍のアジア撤退《てったい》を進め、韓半島の征服《せいふく》を狙《ねら》う　68
映画「ファイナル・ジャッジメント」は「日本占領《せんりょう》」の口実に使える　72

5
「アジア植民地化」への野望を明かす　74
「米中同盟を結び、日本を外す」というのが李克強の基本戦略　74
日本や韓国、ASEAN《アセアン》諸国を「植民地化したい」　78
日本を狙うミサイルは三カ所に配備してある　80
国民の顔色をうかがう日本政府に核《かく》武装は無理　83

6
「中国民主化革命」と幸福の科学のかかわり　85
「要人を監視《かんし》し、反乱の芽を潰《つぶ》す」というのが李克強の対策　85
香港《ホンコン》で「中国のリーダーたれ」と説いた大川隆法の説法《せっぽう》は知っている　88
「自由の思想」による同時多発革命を恐《おそ》れている　90

さらに幸福の科学の影響《えいきょう》が強まれば「弾圧《だんあつ》をかける」 95

7 **次期首相としての抱負《ほうふ》を語る** 97

次期政権では、「外政は習近平、内政は李克強」？ 97

「李克強は人望が厚い」という評判は本当か 99

本音は「アフリカ、南米まで中国支配圏《しはいけん》に入れたい」 102

8 **今後の中国経済を、どう見るか** 105

失業者を黙《だま》らせるには「毛沢東《もうたくとう》思想」がいちばん効《き》く？ 105

「二〇二〇年までにはアメリカ経済に追いつきたい」という希望 110

「中国バブル崩壊《ほうかい》」に打つ手はあるか 112

「経済学博士《はかせ》」でも本当は経済が苦手？ 115

9 **李克強氏の過去世《かこぜ》探究を試みる** 118

インスピレーションや夢をも「狂気《きょうき》」と捉《とら》える李克強守護霊 118

李克強氏の尊敬する人物とは 121

10　李克強氏の正体を推定する　126
習近平氏と比べると「慎重《しんちょう》な実務家タイプ」か　126
「日本など争うまでもなく取れる」と見ている李克強氏　129

あとがき　134

「霊言現象《れいげん》」とは、あの世の霊存在の言葉を語り下ろす現象のことをいう。これは高度な悟りを開いた者に特有のものであり、「霊媒現象《れいばい》」（トランス状態になって意識を失い、霊が一方的にしゃべる現象）とは異なる。外国人霊の霊言の場合には、霊言現象を行う者の言語中枢《ちゅうすう》から、必要な言葉を選び出し、日本語で語ることも可能である。

また、人間の魂《たましい》は原則として六人のグループからなり、あの世に残っている「魂の兄弟」の一人が守護霊《しゅごれい》を務めている。つまり、守護霊は、実は自分自身の魂の一部である。したがって、「守護霊の霊言」とは、いわば本人の潜在《せんざい》意識にアクセスしたものであり、その内容は、その人が潜在意識で考えていること（本心）と考えてよい。

なお、「霊言」は、あくまでも霊人の意見であり、幸福の科学グループとしての見解と矛盾《むじゅん》する内容を含《ふく》む場合がある点、付記しておきたい。

李《り》克《こく》強《きょう》　次期中国首相　本心インタビュー

――世界征服戦略の真実――

二〇一二年八月十三日　李克強守護霊《しゅごれい》の霊示

幸福の科学「奥《おく》の院精舎《いんしょうじゃ》」にて

李《り》克《こく》強《きょう》（一九五五〜）

中華《ちゅうか》人民共和国の政治家。一九七八年、北京《ペキン》大学法学部に入学し、同大学院で法学と経済学の博士号を取得する。河南《かなん》省書記、遼寧《りょうねい》省書記を経《へ》て、二〇〇八年、国務院常務副総理に任命される。胡錦濤《こきんとう》と同じく中国共産主義青年団出身。習近平《しゅうきんぺい》とともに、中国共産党第五世代の指導者の一人として注目されている。

質問者　※質問順

酒井太守《さかいたいしゅ》（幸福の科学宗務本部担当理事長特別補佐《ほさ》）

近藤紫央《こんどうしお》（幸福の科学専務理事　兼《けん》　宗務本部副本部長　兼　第一秘書局長）

［役職は収録時点のもの］

1　中国の次期首相候補・李克強とは、どんな人物か

中国・韓国《かんこく》・北朝鮮《きたちょうせん》との紛争《ふんそう》危機が迫《せま》っている

大川隆法　「政治の季節」がやってきまして、毎日、忙《いそが》しくなりつつあります。

昨日《きのう》は、後藤田正晴《ごとうだまさはる》氏（元副総理）の霊《れい》から、「日本の危機管理」についての霊言《れいげん》を頂いたのですが、知りうることならば、その反対の意見を持つ立場の人からも情報を入手しておいたほうがよいかと思います。

今朝の新聞には、「韓国《かんこく》の李明博《イミョンバク》大統領の竹島上陸を受け、中国の新聞（環球《かんきゅう》時報）が、『次は、野田首相がいつ尖閣《せんかく》に上陸するか』と書いている」という記事が出ていました。中国では、「日本の首相が尖閣諸島に上陸していないことが、むしろ東北アジアの例外となった」ということを踏《ふ》まえ、「日本の首相が尖閣に上陸する場合、ど

うするか」ということを想定した議論が始まっているようです。

また、韓国の新聞では、「今まで、日本の原子力にかかわる法令では、軍事利用等は一切《いっさい》しないような表現だったのに、いつの間にか、『安全保障』に関係してもよいとも取れる文言が加わっている（二〇一二年六月成立「原子力規制委員会設置法」）。今後、日本は核《かく》武装に入るのではないか」といった報道が始まっています。

今後、紛争《ふんそう》ないし戦争の可能性があることに対し、中国・韓国・北朝鮮《きたちょうせん》とも、だいぶ身構えつつあるのではないかと思われます。

以前、習近平《しゅうきんぺい》氏の本心を探《さぐ》るために、その守護霊《しゅごれい》の霊言を収録しましたが（『世界皇帝《こうてい》をめざす男』〔幸福実現党刊〕所収）、同氏については、いずれ、主席になる前に、もう一度、守護霊霊言を録《と》らないといけないとは思っています。

「エリート中のエリート」と目《もく》される李克強の力量はいかに？

大川隆法　本日、守護霊霊言の収録を予定している李克強（リー・クーチアン）氏は、習近平と長年のライバルでありながら、エリートとして先に出世していた人です。しかし、近年、習近平が巻き返しを図《はか》り、李克強よりもずいぶん強くなっています。

現在では、習近平が胡錦濤《こきんとう》主席に次ぐ国家副主席となり、「次期主席は、ほぼ確実」と言われています。そして、「そのときに首相になるのは、現在の筆頭副首相である李克強だろう」と予想されています。

実際、この李克強がエリートであることは事実のようです。

生まれは一九五五年七月です。私よりも一歳《さい》上で、年齢《ねんれい》的にはさほど変わりません。高校卒業の時期が、ちょうど文化大革命に引っかかり、いわゆる「下放《かほう》」（青年を地方の農村で働かせることで思想改造をする政策）に出されています。

この人に関する本のなかには、「下放から戻《もど》ってきたあと、北京《ペキン》大学法学部を受け、トップで合格した」と書いてあったように記憶《きおく》しています。さらに、「ハーバード大学の入学資格も得ていた」と書いてありましたので、留学しようと思えばすることもできたのでしょう。

ただ、アメリカの大学に留学することは、ビジネス面ではメリットが大きいものの、「政治家として、国家運営のトップテンに入るのが難しくなる」とも言われています。すなわち、「『アメリカに洗脳されているのではないか』『アメリカのスパイかもしれない』などと疑われ、政治家としての出世が遅《おく》れる」とされているのです。そのため、李克強は北京大学のほうに行ったようです。

ハーバード大学への留学は、今でもけっこう難しく、ＴＯＥＦＬ《トーフル》 ｉＢＴ《アイビーティー》（非英語圏《けん》の人の英語力を測るインターネット試験）で、一二〇点満点中、一〇九点ぐらいは要《い》るのではないでしょうか。李克強が試験を受けた当時であれば、六百五十点満点中、六百三十点程度は必要だったと思われます。このあたりのスコアであれば、英語を勉強する日本の学生のなかでは、ほぼトップレベルに相当するでしょう。その程度まで英語のできる人だろうと推測します。

ちなみに、当時の世界大学ランキングでは、北京大学よりも東京大学のほうが上でした。今ではかなり順位を落とされ、東京大学は二十何位あたりになっていますが、当時は、経済的によい状況《じょうきょう》だったため、世界のベスト三、四位あたりで、大学の格としては中国よりも上だったと理解しています。現在は、英語の実力についても、かなり下のほうにいるため、中国や韓国等からもバカにされている状態であり、日本は巻き返しを図ろうとしている最中のようです。

このように、李克強は、中国では「エリート中のエリート」だと思います。「胡錦濤国家主席が〝意中の後継者《こうけいしゃ》〟と見込《こ》んでいた」とも言われる人物です。

今後、何らかの事態があったときには、この人が主席になることもあるかもしれませんが、今のままの力関係であれば、習近平が上がってくると推定されます。

経歴的に見ても、この二人にはかなりの違《ちが》いがありますので、「両者の考えは近いのか、それとも近くないのか」などを確認したいところです。

ただ、意外と、李克強が実務的に仕切ってしまう可能性もあります。そうであれば、日本、アメリカ、朝鮮半島、アジア、太平洋、アフリカなど、さまざまな国・地域に対し、どのようにするのか。あるいは、内政問題はどのようにするのか。おそらく、この人が、経済の舵《かじ》取りや治安問題等、さまざまな重責を負うことになると思われます。

もし、以前、守護霊霊言を収録したときのように、習近平が帝国主義的な男であるならば、李克強は、いったいそれをどう考えるか、どうするつもりでいるのか。ブレーキ役、あるいは、女房《にょうぼう》役、参謀《さんぼう》役的なかたちで出るのか。それとも、習近平と同じ形態なのか。あるいは、習近平のライバルとして、あわよくば、早めに失脚《しっきゃく》させて、次の政権をとりたいと思っているのか。このあたりが分からないところです。

〝人間情報兵器〟として「李克強の本心」を探《さぐ》り出す

大川隆法　そのようなわけで、現在の貧弱な「日本の防衛体制」を強化すべく、非力ながら、幸福の科学のほうでも、私も〝人間情報兵器〟として活躍《かつやく》せざるをえないと考えています。

いかなる軍隊がいたとしても、私の〝侵入《しんにゅう》〟を避《さ》けることはできません。防衛不能ですので、ご本人の本心を引き出すことは可能かと思います。

李克強の守護霊には、どの程度の格があり、こちらの意見が通じるのかは、まだ話をしたことがないので、実際に訊《き》いてみなければ分かりません。

もし、中国語しか理解できない場合には、やや難儀《なんぎ》ではあるのですが、「霊界の通訳」が立てられるかどうかを試みたいと思います。「英語であれば話ができる」ということなら、同時通訳で話をすることは可能と思われます。「日本語で話ができるレベル」の格がある人ならば、簡単に意識レベルでの転換《てんかん》が可能なので、日本語に変えることはできると思われます。

李克強についてはこれまで初めてですが、「中国のトップエリートがどんな考えを持っているか」を、日本の防衛省や官邸《かんてい》に代わって情報収集し、上手に、だんだんに引き出していくつもりです。

その本心や、竹島問題以降、尖閣や沖縄《おきなわ》その他について、何か具体的な戦略を持っているかもしれませんので、このあたりを訊いてみたいと思っています。

2　李克強副首相の守護霊を招霊《しょうれい》する

突然《とつぜん》の招霊に混乱する李克強守護霊

酒井　それでは、よろしくお願いいたします。

大川隆法　では、現在、中国筆頭副首相にして、次期首相を確実視されています李克強氏の守護霊をお呼びしたいと思います。

次期中国首相、李克強氏の守護霊をお呼びしたいと思います。

李克強氏の守護霊よ、李克強氏の守護霊よ。

どうか、ご降臨たまいて、幸福の科学に、その本音をお伝えください。

われわれは、日本国民、および、日本国政府、日本のジャーナリズム等に、あなたのご本心をお伝えすることができると思います。

今後の日中関係を考える上でも、あるいは、国際情勢を考える上でも、あなたの枢《すう》要《よう》なる地位を考えますと、非常に大きな影響力《えいきょうりょく》があるものと考えます。

どうか、われらにご協力くださり、そのご本心を明かされることを、心の底よりお願い申し上げます。

李克強氏の守護霊、流れ入《い》る、流れ入る、流れ入る……。

李克強氏の守護霊、流れ入る、流れ入る、流れ入る……。

（約三十秒間の沈黙《ちんもく》）

酒井　こんにちは。

李克強守護霊　うーん……、うーん……、うーん……。

酒井　李克強筆頭副首相でしょうか。

李克強守護霊　うーん……。

酒井　日本語はお分かりになりますか。

李克強守護霊　うーん……、うーん……。うーん……。うーん……。うーん……。うーん……。ふう……。うーん……。

酒井　今、どちらにいるか、お分かりになりますでしょうか。

李克強守護霊　うーん……。うーん……。うーん……。うーん……。うーん……。

酒井　私の話は通じていますでしょうか？　お分かりになりませんか。

李克強守護霊　ううーん……。あああ……。はあ……。うわあ……。うあっ……。なっ……。うわ……。はあ……。

酒井　いかがされましたか。

李克強守護霊　うーん……、たっ。何なんだ、この力。はあ。かあっ……。

酒井　今、ものすごい力で引っ張られて、こちらに来られたのでしょうか。

李克強守護霊　くそ。ごおお……、強引だなあ……。はあ……。

酒井　以前にも、このような例はありました。
李克強守護霊　国家儀礼《ぎれい》も何も、あったもんではないな……。ああ……。
酒井　失礼いたしました。
李克強守護霊　ご、強引だ。強引すぎるんじゃないかなあ……。
酒井　そうでありましたか。今はお仕事の最中でしたでしょうか。
李克強守護霊　当たり前だろう！　忙《いそが》しいんだ。
酒井　今はどこかへ行って……。
李克強守護霊　ああ？　そんなこと、「業務機密」だから、言えるわけがないだろう。
酒井　ああ、機密があるのですね。
李克強守護霊　な、なーん、何だね、君。こんな山荘《さんそう》に拉致《らち》して。
酒井　いや、拉致ではなく、「お迎《むか》え」した状態でございます。

李克強守護霊　ああ？　どこで迎えてくれたのよ。

酒井　霊界《れいかい》で。

李克強守護霊　霊界で、何？　そんな、いいかげんなことを言うんじゃない。うーん？

酒井　今、中国にいらっしゃったのですよね？

李克強守護霊　当たり前じゃないか！

酒井　それは何分前のことですか。

李克強守護霊　今さっきまで……。

酒井　今、ここは日本でございます。

李克強守護霊　ええ？　あ、もう……。まあ……、中国かもしらんなあ。

酒井　いやいや。日本でございます。

李克強守護霊　うーん？　いや、「今、中国にいた」と言ってるじゃないか。

酒井　そうですか。

李克強守護霊　な、何、何、何だよ。

酒井　こちらは、宗教法人幸福の科学の「奥《おく》の院精舎《いんしょうじゃ》」という所です。

李克強守護霊　ああ！　はあ……。しゅ……、幸福の科学？

酒井　幸福の科学のことをご存じでしょうか。

李克強守護霊　知ってるよお。それは、悪い団体なんだ。

酒井　あなたに上がってくる情報では、〝悪い団体〟となっているわけでしょうか。

李克強守護霊　上がってくるも何もさあ、「『法輪功《ほうりんこう》』の次は、これが問題になる」っていうことで、今はもう、公安は幸福の科学のことで頭がいっぱいなんだからさあ。

酒井　そうなんですか。

李克強守護霊　そりゃそうだよ。法輪功は、まだ潰《つぶ》せてないな。潰せないもんなあ。さらに、「幸福の科学というのが台頭してきている」っていうんだから、これは大変だ。

わしを、ら、ら、拉致したんか？　あ？

酒井　いえ、拉致ではありません。

李克強守護霊　ああ？　拉致じゃない。

酒井　これは宗教的な秘儀でありまして、霊界を通じ、霊体として、あなたをこちらにお呼びしました。

李克強守護霊　誰《だれ》が？　誰が「行く」って言うた？

酒井　え？

李克強守護霊　誰が「行く」って言うた？

酒井　いや、「エル・カンターレ」の名の下《もと》に、どのような存在でも呼び出すことができるのです。

李克強守護霊　うーん……。招待状はもろうとらんよ。

酒井　ただ、あなたは来てしまったんですよ。

李克強守護霊　だから、なんでそんなことがありえるの？　そんなことがあってたまるか！

酒井　いや、あなたは……。

李克強守護霊　うーん？　わしは、そんな、君らと友達になりたいと思って、申し入れをした覚えはない。

李克強守護霊に「霊としての自覚」を問う

酒井　あなたは「霊《れい》」ですよね。

李克強守護霊　うーん？

酒井　あなたは、李克強氏の守護霊ですよね。

李克強守護霊　ああ、そう。霊ね。

酒井　ということは、あなた自身はお亡《な》くなりになっていますよね。

李克強守護霊　れ、れい、霊……。うん？

酒井　守護霊ですよね。

李克強守護霊　うーん、何か、妙《みょう》なことを言うなあ。「霊ですね」って、どういうことだ。え？

酒井　すでに、あなたは、一度、お亡くなりになっているのではありませんか。

李克強守護霊　うん？　あのなあ、今、執務《しつむ》を執《と》っているときにねえ、「お亡くなりになりました」って、何を言ってるんだ。君、精神病院に行け！

酒井　いやいや。

李克強守護霊　病院です！

酒井　そうですか。

李克強守護霊　中国では、そういうのは、すぐに病院行きです。

酒井　そうすると、あなたは信仰《しんこう》を持っていませんね。

李克強守護霊　ああ？

酒井　信仰心をお持ちではない？

李克強守護霊　「信仰心がない」って、君ねえ、トップに対して、そんな失礼な質問をするなよ。

酒井　いや、あなたはまだトップになっていません。

李克強守護霊　ええ？　実質上、トップだがな。

酒井　ただ、習近平《しゅうきんぺい》氏は、あなたが忠誠を誓《ちか》うかどうかを見るために、踏《ふ》み絵を踏ませるつもりなのではないでしょうか。

すでに、習近平氏の守護霊も、幸福の科学にお呼びしています。

李克強守護霊　ああ、来たのか！

酒井　はい。

李克強守護霊　うーん、そう。そうだ、そう、そうだ、そうだ、そうだ。そうは聞いてる。そうだ、そう、そうそう、そうそうそう。

「何だか変な手を使って、民衆を惑《まど》わすような本を出している」っていう話は聞いている。

酒井　以前、胡錦濤《こきんとう》氏、習近平氏、温家宝《おんかほう》氏の守護霊をお呼びしました。毛沢東《もうたくとう》氏や鄧小平《とうしょうへい》氏の霊もお呼びしました（『国家社会主義とは何か』『マルクス・毛沢東のスピリチュアル・メッセージ』『アダム・スミス霊言《れいげん》による「新・国富論」』〔以上、幸福の科学出版刊〕『温家宝守護霊が語る　大中華帝国《ちゅうかていこく》の野望』〔幸福実現党刊〕参照）。

李克強守護霊　君らは、ほんとに、こういう強制拉致みたいなかたちでやるんか。

酒井　いや、エル・カンターレの名の下に、あなたにこちらへ霊的にお越《こ》しいただいたかたちになっています。

李克強守護霊　だから、その分からん言葉を使うでない！

酒井　「強制的に」と言えば、ある意味、そうかもしれませんが、肉体を拉致しているわけではありません。

李克強守護霊　今、俺《おれ》は執務をやってたんだからさあ。

酒井　いや、肉体のほうは、今もおそらく執務を続けているはずです。

李克強守護霊　うーん。執務をやっとったところだよ。

中国では「超能力《ちょうのうりょく》は認めるが、霊界《れいかい》は認めない」？

酒井　あなたが守護霊であれば、霊界で生活していることもお分かりではありませんか。

李克強守護霊　うーん？「守護霊なら霊界で執務することもある」っていうのは、どういうことなんだよ。

酒井　ずっとご本人に付いているわけではないでしょう？

李克強守護霊　いやあ、中国にはねえ、霊界はないことになってるんだよ。

酒井　中国には霊界がない？

李克強守護霊　うん。

酒井　例えば、老荘《ろうそう》思想のなかにも、霊界はなかったでしょうか。

李克強守護霊　うーん？　霊界なんかないんじゃない？

酒井　あなたは、どの程度、霊界の勉強をしているのですか。

李克強守護霊　仙人界《せんにんかい》っていうものはあるよ。

酒井　仙人界ですか。

李克強守護霊　仙界はある。

酒井　要するに、「まったく興味はない」ということですね？

李克強守護霊　ええ？　いやあね、君、そういうことをやっていては、首相にはなれないんだよ。何を言ってるの？

酒井　首相にはなれないのですか。

李克強守護霊　当たり前だ。バカなことを言うんじゃないよ。

酒井　分かりました。まあ、共産党ですから、そうなのかもしれません。

李克強守護霊　中国では、そんなことを言ったら、首相になる前に「精神病院行き」なんだよ。

酒井　ええ。分かりました。

李克強守護霊　人間、「思ったことをしゃべればいい」ってものじゃないんだからさ。

酒井　では、「本当は知っていても、しゃべらない」ということですね？

李克強守護霊　「知ってても」っていうかねえ、そんなものを認めたら、もう精神病院行きだって言ってるじゃないか。首相になる代わりに、精神病院に行くことになるんだから、分かってるのか？　君。

酒井　なるほど。分かりました。

李克強守護霊　だから、そういうね、人を罠《わな》にかけるようなことをしたらいかんよ。

どこのジャーナリストか知らんけどさあ。
酒井　いえ、ジャーナリストではなく、宗教家です。
李克強守護霊　ええ？　君は、韓国《かんこく》紙か？　韓国の宗教紙？
酒井　いえ、宗教です。日本の宗教です。
李克強守護霊　うん？　統一協会《とういつきょうかい》か。ええ？
酒井　先ほど、幸福の科学をご存じだとおっしゃったではありませんか。
李克強守護霊　あ、そうだ、幸福の科学だ！　そうだった。うん、幸福の科学だ。
酒井　物忘れが早いですね。あなたが、中国では「エリート中のエリート」と言われているので、今日、お呼びしたんですよ。
李克強守護霊　うーん、まあ……、うーん。
酒井　そこで、これからの世界について、直々にお訊《き》きしたいと思っているのですが。

李克強守護霊　だけどさあ、悪意が見えるわな、悪意が。〝黒煙《こくえん》〟がモウモウと立っとるわなあ。

酒井　（笑）黒煙が立っていますか。

李克強守護霊　うーん、おまえの腹の底には、黒煙がな……。

酒井　しかし、あなたは「霊」を認めないのに、なぜ、そんなことが言えるのですか。

李克強守護霊　ええ？　私はねえ、霊は認めなくても、超能力者《ちょうのうりょくしゃ》だから、見えるんだよ。

酒井　超能力は認めるのですか。

李克強守護霊　中国には、超能力はあるんだ。うん。超能力はある。

酒井　分かりました。これ以上、この話題を続けても、紙面の無駄《むだ》になりますので、このあたりで結構です。

李克強守護霊　「無駄になる」とは、君、失礼だろうが。ああ？

酒井　いやいや。せっかく、李克強氏の守護霊からお話を伺《うかが》うのですから、もっと大きな話をお聞きしたいと思っているのです。

李克強守護霊　おお！

3 「次期国家主席」をめぐる権力闘争《とうそう》の内幕

「胡錦濤《こきんとう》」対「習近平《しゅうきんぺい》」の戦いも最終局面

酒井　先般《せんぱん》、習近平《しゅうきんぺい》氏の守護霊がお越《こ》しになったときに、「李克強が、私に忠誠を誓《ちか》うかどうかを見ている。胡錦濤《こきんとう》がレームダック（死んだアヒル）になったことを確認できたら、『私に忠誠を誓うかどうか』の踏《ふ》み絵を踏ませる」と語っていました。この発言については、どう思われますか？

李克強守護霊　ほおお……。「踏み絵」とな。

酒井　踏み絵です。「忠誠を尽《つ》くすかどうかを確認する」とのことですが。

李克強守護霊　ふーん。まあ、そういう言い方もあるけども、今年、「胡錦濤と習近平の最後の戦い」もやってるからな。だから、胡錦濤が、退任後も力を維持《いじ》するかどうか、〝院政〟を敷《し》けるかどうかにかかっとるからなあ。

酒井　確かに、院政を敷けるかどうかでしょうね。

ただ、あなたは、本当に、「胡錦濤氏から最も信頼《しんらい》されている人物」ではないようですが。

李克強守護霊　うん?

酒井　本当は、胡春華《こしゅんか》氏（中国共産主義青年団第六世代の有力者）のほうを信頼しているのではありませんか。

李克強守護霊　いや、そらあ、人の考えは分かりませんよ。

酒井　「胡錦濤主席は、胡春華氏を習近平氏の次の国家主席に推《お》している」という説を聞いたことがあります。

李克強守護霊　君ね、中国では、そういうことはなかなか難しいんだよ。そういう名前が出ただけで、暗殺されるおそれがあるからさ。

酒井　では、李克強氏にも暗殺の危険はないのでしょうか。

李克強守護霊　だから、「知られていても暗殺されない」っていうのは、そうとう力がないと無理なんだよ。実力の上にも実力がないと無理だよ。

酒井　ほう、そうですか。それでは、今、胡錦濤氏と習近平氏は、かなり激しく戦っているわけですね？

李克強守護霊　うーん、だからさあ、（胡春華氏が胡錦濤主席の）次の次かは知らんが、そんなエリートでも失脚《しっきゃく》させられたりするんでさ。

酒井　薄熙来《はくきらい》氏（元重慶《じゅうけい》市党委員会書記）などは、胡錦濤氏から、かなり攻撃《こうげき》されたようですが。

李克強守護霊　そうなんだな。わしが言ってもいいのかなあ。

酒井　どうぞ。

李克強守護霊　ああいうのは、ありえない話だよな（注。薄熙来氏は次期最高指導部の常務委員入りを有力視されていたが、突然《とつぜん》、「重大な規律違反《いはん》」を理由に失脚。その背景として、胡錦濤派と江沢民《こうたくみん》派の対立などが指摘《してき》されている）。

酒井　ありえないですね。

李克強守護霊　ありえない話だな。あんなのがつくり上げられるっていうの？　あれから逃《のが》れられないっていうところが、権力闘争《とうそう》なんだよなあ。

酒井　はい。

李克強守護霊　権力的に勝てれば、あんなものは逃れられるものだよなあ。マンガのような、ありえない話だろう？

酒井　ええ。あれは、ありえません。

李克強守護霊　ありえないだろう？　あんなバカな話があるもんかい。最初からクビにするのが目的でやっとるんであって、（中国共産党の）権力闘争が象徴《しょうちょう》的に現れているものだなあ。

これは、習近平と胡錦濤との権力闘争で、「後継者《こうけいしゃ》を潰《つぶ》せるか潰せないかのところで力比べをしている」って見るべきだろうねえ（注。習近平氏は江沢民元国家主席から隔世《かくせい》後継者の指名を受け、副主席に就任）。

酒井　そうですね。

ただ、あなたは、習近平氏からは「胡錦濤派」と思われていますよね？

李克強守護霊　その私が、それだけ警戒《けいかい》されつつも上がってくるところに、私の力を見ないといけないよなあ。

内部闘争《とうそう》に勝つカギは「人民解放軍の掌握《しょうあく》」

酒井　習近平氏は、あなたのことをどう思われていると考えますか。

李克強守護霊　習近平はねえ、「実質上、自分が中国人民解放軍を握《にぎ》った」と思うとるんだよな。

酒井　それは違《ちが》うのでしょうか。

李克強守護霊　それがねえ、本当は、わしが握ってるんだ。

酒井　ただ、人民解放軍も一枚岩ではなく、地域によって違いますよね？

李克強守護霊　うん、まあ、それはそうだけどねえ。だから、それは政治力の問題だよな。

酒井　あなたは、人民解放軍のすべてを掌握《しょうあく》しているのですか。

李克強守護霊　いや、そうは言わんけれども、やっぱり、「どこがポイントか」っていうところだよな。

酒井　ポイントはどこなのでしょうか。

李克強守護霊　内部闘争《とうそう》は、やっぱり、最終的には軍を持ったところが勝つからね。

酒井　李克強氏はどこの軍を押《お》さえているのでしょうか。

李克強守護霊　ハハハハ……。そんなこと、なんで君に言わないといかんのだ。

酒井　北朝鮮《きたちょうせん》の近くの……。

李克強守護霊　瀋陽軍区《しんようぐんく》かい？

酒井　ええ。あそこは、今、誰《だれ》が押さえているのでしょうか。

李克強守護霊　へへへ……。知らんな。

酒井　ご存じない？

李克強守護霊　知らんな。

酒井　ご存じない？

李克強守護霊　ああ、知らんけどなあ。あそこは北京《ペキン》を引きずり回す力を持ってるよなあ。北京と北朝鮮の狭間《はざま》にあって、両天秤《りょうてんびん》にかけられる場所ではある。

酒井　あそこを握ったら強いですよね。

李克強守護霊　そうだねえ。あそこには核《かく》兵器もあるからさ。

酒井　はい。

李克強守護霊　鴨緑江《おうりょくこう》を渡《わた》って、北朝鮮に（核兵器を）運び込《こ》んで、向こうから北京へ撃《う》ち込んだら、すぐ届くからさあ。これは止められないよな。

酒井　ああ……。では、これは、当然、習近平氏が押さえているのでしょうか。

李克強守護霊　ええ？　そらあ、誰の命令を聞くかによるよな。

酒井　ただ、あなたの命令は聞かないのではないでしょうか。

李克強守護霊　うーん、まあ、そう思う人は、そう思うかもしれないけどもね。「そう思わない人」もいるかもしれないよなあ。

酒井　あなたの命令をきく可能性のある人もいる？

李克強守護霊　ああ。だから、そらねえ、まだ最後までは分からんよ。

酒井　「人民解放軍が寝返《ねがえ》る」ということもあるのですか。

李克強守護霊　うーん……。いやあ、寝返るというか、割れてるからさあ。だから、「どこが政治力を持つか」っていうことだよなあ。

胡錦濤《こきんとう》と習近平《しゅうきんぺい》、両者の駆《か》け引きをどう読むか

酒井　では、胡錦濤《こきんとう》氏と習近平《しゅうきんぺい》氏との最後の戦いは、「誰が、どの程度、人民解放軍を押さえるか」にかかっているわけですか。

李克強守護霊　だから、習近平自身は、もうすでにつかんでるつもりではいるよ。

酒井　はい。

李克強守護霊　彼は軍を全部掌握してるつもりではいるけども、軍のほうでは、彼に全部押さえられたつもりはないだろう。

酒井　それでは、軍は何を狙《ねら》っているんですか。

李克強守護霊　いや、軍のなかでもなあ、今はかなり情報が流れる体制になってるのでな。民衆との間に情報が流れるんでね。

軍のなかでもねえ、デモとか反乱とかの鎮圧《ちんあつ》ばっかりやるのを、必ずしも好ましく思ってない人も、当然いるよなあ。

酒井　ああ、そうですか。

李克強守護霊　今度は、逆に、習近平が仕《し》掛《か》けて、デモを起こしたりすることもあるのでな。胡錦濤を脅迫《きょうはく》するつもりで、デモを起こしたりするようなこともある。

酒井　ああ、そうですか。最近は、どのへんのデモを起こしましたか？

李克強守護霊　ええ？　まあ、西のほうたけどね。西とか南のほうとかで起きてるのがそうだ。デモを仕掛ける場合もあるのよ。

酒井　うーん。

李克強守護霊　デモを仕掛けて、鎮圧部隊が行って戦い、流血騒《さわ》ぎになる。

今は中国のマスコミも、ちょっとは発達し始めてて、特に、南へ行けば行くほど強くなってきてるから、そういう事態が、インターネットみたいなものでだんだん知られてくると、胡錦濤の権力基盤《きばん》がグラグラくるから、それを習近平が狙ってやってる。

ただ、そういうことをやればやるほど、胡錦濤は、「李克強のほうを主席にしたい」っていう気持ちのほうが、だんだん強くなってくるよな。

酒井　強くなってきますかね。

李克強守護霊　うん、強くなっていくよね。ま、そのへんの駆《か》け引きというか、読みは難しいところだなあ。

「李克強国家主席」の可能性はあるのか

酒井　そうすると、下馬評《げばひょう》にはまったくないのですが、あなたが国家主席になる可能性も、まだ残っているわけですか。

李克強守護霊　うん。まだ、あるねえ。

酒井　本当ですか?

李克強守護霊　うーん。まだあるよ。

酒井　江沢民派は、それを一切《いっさい》受け付けないのではありませんか。

李克強守護霊　まだ三、四十パーセントぐらいは、主席になる可能性がある。

酒井　あなたは、本気で狙っているのですか。

李克強守護霊　いやあ、人間、先のことがなかなか分からんからねえ。「十年ぐらいは生きるだろう」と思ってても、一年ぐらいで死んでしまうことだってあるしさあ。

酒井　中国だと、毒殺される危険もあるということですが？

李克強守護霊　国家主席として、誰かさん（鄧小平《とうしょうへい》）のように、「南巡講話《なんじゅんこうわ》」と称《しょう》してさあ、「上海《シャンハイ》の経済的発展はどうなっとるかな、香港《ホンコン》はどうなっとるかな」とか言いながら、南のほうへ行って話をして回ろうと思ったら、毒饅頭《まんじゅう》か何かを食って、コロッと死ぬ場合もあるからさあ。

酒井　ああ……。

李克強守護霊　あるいは、ふぐを食って死ぬ場合もあるかもしらんからさあ。

酒井　それをやろうとしているのですか。

李克強守護霊　それは分からんなあ。だから、人の運命っていうのは……。

酒井　ただ、そういうことを言っていると、逆に、あなたがやられる可能性もあるのでは？

李克強守護霊　ええ？　いやあ、そうは言うてもだねえ、中国の権力関係とは脅《おど》し合いなので、「一方的に脅される関係」っていうのは成り立たないのよ。だから、常に「上は下に」の下剋上《げこくじょう》でなあ、暗殺されたり、罠《わな》にはめられたりする危機感は、いつも持っているのよ。

酒井　なるほど。

李克強守護霊　だけど、そういうことができる人は、また、「実力のある人」でもあるわけなので、そういう実力のある人を使わないと、さらに下にいる人たちの反乱を抑えられないんだよ。このへんが難しいところなんだなあ。

酒井　前回、温家宝《おんかほう》首相の守護霊をお呼びしたときにも、「国家主席を狙っている」と語っていました。

李克強守護霊　うーん、誰が？

酒井　温家宝首相がです。

李克強守護霊　温家宝が？

酒井　はい。

李克強守護霊　アホか。

酒井　もう、「終わった人」ですか？

李克強守護霊　当たり前でないの。それはちょっとずれとるなあ。さすがにずれとる。

酒井　ずれていますか。ただ、あの人自身はそう思っているようですが。

李克強守護霊　うん。さすがにずれとるが、それは、たぶん、「日本の民主党政権と上手にパイプを築いて、日米の関係を割ってしまったら、その実績で、急に認められるのではないか」ということを狙ってたんじゃないかな？

酒井　なるほど。

李克強守護霊　たぶん、それだと思うけど、日本の首相のほうが、あんなにコロコロといってしまうとは、予想しなかったんじゃないかな？

酒井　そうしますと、あなたには、国家主席になる可能性がある？

李克強守護霊　「ある」と考えていい。

酒井　「国家主席になる」と考えている？

李克強守護霊　まあ、別に狙わなくても、なる場合はあるな。

「小沢一郎《おざわいちろう》氏と深い関係にある」という噂《うわさ》は本当か

酒井　ただ、順当にいけば、習近平氏がコロッといかないかぎり、あなたは、国家主席ではなく、次期首相のほうですよね？

李克強守護霊　うーん……。だけど、日本でも、「習近平、憎《にく》し」の声が上がり始めてるからねえ。最近は、中国も世論《せろん》に対して敏感《びんかん》になってるしねえ。

酒井　ただ、あなたは、習近平氏のように、日本の天皇陛下にお会いになっていないですよね？

李克強守護霊　いや、本来、まだ資格がないというか、「（天皇への謁見《えっけん》は）一カ月前（の申し込み）でなければ駄目《だめ》だ」っていうのを、ああいうふうに無理矢理押し込むような図々しい人間（習近平）に対してはね、礼儀《れいぎ》正しい日本国民は、非常に腹が立つだろうねえ。

酒井　ただ、「あれは、小沢一郎《おざわいちろう》氏が仕組んだ」っていう話もありますよ。

李克強守護霊　うん。でも、その小沢も終わりだろ？

酒井　では、あなたは小沢一郎氏のところに行っていなかったのですか。

李克強守護霊　ええ？　まあ、それは政治家だから、誰にだって、ある程度のいい顔はするがなあ。

酒井　「いい顔」というよりも、「小沢宅に下宿していたことがある」という説が広まっていますが。

李克強守護霊　ほおお。下宿ねえ。わしが小沢の家に下宿してたって？

酒井　はい。

李克強守護霊　そんなことは、公式には認められとらんなあ。

酒井　実は、小沢氏とかなり深い関係にあるのではありませんか。

李克強守護霊　それはないわ。私たちはね、そういう同性愛関係にはない。

酒井　（笑）同性愛ですか。

李克強守護霊　そうではないんであってねえ。君、間違っちゃいけないよ。

酒井　その小沢氏が、習近平氏の天皇陛下拝謁をお膳立《ぜんだ》てしたんですよ。

李克強守護霊　うん。だから、小沢は消えるし、習近平は警戒されている。その強引さと、鼻につく自惚《うぬぼ》れ？　あと、メラメラとした権力欲？　この体質は、日本人がいちばん嫌《きら》うよな。

習近平《しゅうきんぺい》氏が世界帝国《ていこく》をつくるなら、「私は裏で実権を握《にぎ》る」

酒井　ある中国通の方の本には、「器《うつわ》としては、明らかに、李克強氏よりも習近平《しゅうきんぺい》氏のほうが上である」と書かれていました。

李克強守護霊　な、誰より？

酒井　あなたよりもです。

李克強守護霊　何？　わしよりもか。

酒井　はい。

李克強守護霊　そのあとに続く文は、「頭においては、李克強のほうが上だ」っていうんだろ？

酒井　「頭が切れるがゆえに、多少、器は小さい」ということですか。

李克強守護霊　アメリカの田舎《いなか》へ行って、ちょっと農業の練習をして帰ってきただけ

だろ？（習近平氏は二〇一二年二月に訪米）

酒井　習近平氏がですか。

李克強守護霊　うーん。あの人がな。

酒井　それでは、習近平氏とあなたとは、どのように考え方が違《ちが》うのでしょうか。やはり、それによって判断されるべきでしょう。

李克強守護霊　基本的に、頭の構造が違うからさ。

酒井　それは、どんな構造ですか。

李克強守護霊　そらまあ、君、「頭の構造が違う」っていう言い方、理解してちょうだいよ。

酒井　いや、「あなたの考え方とは、具体的に、どのように違うのか」ということを訊いているわけです。

李克強守護霊　今はねえ、知識・情報の分析《ぶんせき》・判断能力等が、非常に大きな仕事をする時代に入っとるんだ。だから、頭のよしあしは、政治的な判断・決定に大きな影響《えいきょう》があるようになる。やっぱり、能力のある人のところに、仕事は集まるよな。

酒井　習近平氏の守護霊は、「世界帝国《ていこく》をつくりたい」と語っていました。

李克強守護霊　彼は目立ちたいんだろう。

酒井　では、あなたには、世界帝国をつくるつもりはないのですね。

李克強守護霊　私は、裏で実権を全部握る。

酒井　「裏で実権を握る」ということですが、これから、何を目標として、国を動かしていくつもりなのでしょうか。

李克強守護霊　うん。だから、「決定者が誰か」っていうところだよな。その決定者が私だということだ。

酒井　「アジアを支配下に置く」という方向性は、習近平氏と同じですか。

李克強守護霊　え？　いや、私が、彼を〝駒《こま》〟として使うんだ。習近平を外に出す作戦だからな。

酒井　習近平氏は、アジアを中国の支配下にし、オーストラリアも攻《せ》め、アフリカを食料庫にし、さらに、アメリカに勝つための対米戦略を練っているでしょうね。

李克強守護霊　うーん、まあ、彼の考えは見え見えだな。

酒井　はい。

李克強守護霊　当然反発はある。その反発があるところをだなあ、「実務的に、いかにうまくバランスを取って、実権を持つか」っていうのが大事なことかな。

酒井　ただ、やろうとしていることは、習近平と同じと考えてよいですね？

李克強守護霊　うーん、一緒《いっしょ》かどうかは分からないよ。一緒じゃないかもしれないな。

酒井　分からない？

李克強守護霊　一緒じゃないかもしれない。

酒井　なぜ、はっきりとは出てこないのでしょうか。

李克強守護霊　ええ？　だって、君、国家機密情報じゃないか。

酒井　「国家機密情報」と言っても、そもそも、中国では「守護霊」という存在を信じていません。

李克強守護霊　うん。そうなんだよ。私の存在を信じちゃいけないんだよ。

酒井　信じていない人が共産党にいるのです。

李克強守護霊　でも、超能力《ちょうのうりょく》はありえるからね。中国では、超能力はありえる。

酒井　超能力はあると？

李克強守護霊　うーん、超能力には「気功」もあるよ。

酒井　それでは、この霊言《れいげん》を信じる人は多いでしょうか。

李克強守護霊　超能力ならありえる。だけど、霊言はありえない。

4　中国外交戦略についての「本音」を探《さぐ》る

日本は国家ではなく「アメリカの付録」のようなもの

酒井　では、あなたとしては、日本に対して、「宥和《ゆうわ》」で行くのか、それとも「侵略《しんりゃく》」で行くのか。どちらでしょうか。

李克強守護霊　うん、まあ、これは、アッハハハハハ……。君ぃ、せっかちだなあ。

酒井　収録の時間が限られていますので。

李克強守護霊　奥《おく》さんに嫌《きら》われてない？

酒井　いやいや。時間がないのです。

李克強守護霊　うん？　大丈夫《だいじょうぶ》か？

酒井　はい。大丈夫です。

李克強守護霊　せっかちな男はいかんよ。もうちょっと戦略的に行かんとなあ。そんなに物言いの軽い人間はねえ、最高権力者にはなれないんだよ。分かるかなあ。

酒井　それはともかく、日本に対しては、どのように考えているのですか。

李克強守護霊　だからねえ、もうちょっと間接的な会話をしようじゃないか。たとえ話とか、いろいろあるだろうが。ええ？

酒井　例えば、あなたは、「日の丸」を欲《ほ》しいと思っていますか。

李克強守護霊　「日の丸」は要《い》らない。嫌いだから、焼きたいな。

酒井　どのようにして、「日の丸」を焼くのでしょうか。下のほうから焼いていくのですか。

李克強守護霊　日本大使館の日の丸を降ろして、焼いてみたい気持ちはあるなあ。

酒井　「日の丸を、何か別のものに変えてしまう」ということはありますか。

李克強守護霊　え？　いやあ、あんなものは要らんのだよ。うん。

酒井　要らないのですね？

李克強守護霊　「国家」じゃないから。

酒井　では、どうなるのですか。

李克強守護霊　日本は国家じゃないからな。

酒井　それは、「中国の自治区になる」という意味ですか。

李克強守護霊　ええ？　これはねえ、アメリカの州でもないんだよ。アメリカの付録なんだよ。

酒井　付録ですか。

李克強守護霊　言わば、準州（正式な州ではない行政区域）、ハワイの付録ぐらいかな。

酒井　ハワイの付録ですか。

李克強守護霊　うん。

酒井　あなたは、そのハワイの付録が要りますか。要りませんか。

李克強守護霊　うーん、まあ、金にはなるわなあ。

酒井　「金が欲しい」ということですか。最近、日本の排他《はいた》的経済水域である太平洋海底で、次々と資源が発見されています。

李克強守護霊　だから、「日本は台湾扱《たいわんあつか》いしてやってもいいかな」とは思っとるが。

酒井　台湾扱いですね？

李克強守護霊　うんうん。まあ、経済的繁栄《はんえい》の部分はもったいないからなあ。生かしてやらないといかんな。

石原都知事が尖閣《せんかく》に上陸したら、「撃《う》ち落とすか、沈《しず》める」

酒井　つい先日（八月十日）、韓国《かんこく》の李明博《イミョンバク》大統領が竹島に上陸したばかりですが、これについては、どのようにお考えですか。この次に、中国としては、どうするつもりですか。

李克強守護霊　うーん、いやあ、応援《おうえん》したよ。

酒井　北方領土《ほっぽうりょうど》にはロシアが来ました。

李克強守護霊　うーん。

酒井　竹島には韓国が来ました。

李克強守護霊　うん、だから、尖閣《せんかく》諸島には中国が行くわけだ。

酒井　やはり、中国も行くのですか。

李克強守護霊　ちゃんと手順を踏《ふ》んでるじゃないか。

酒井　韓国の大統領は、ちょうど、「国会がお盆休みに入る前に、早く消費税増税を決めなければいけない」というときに、竹島に上陸したわけです。

李克強守護霊　うーん。それは日本の弱点だよな。

酒井　弱点ですか。

李克強守護霊　そういう、非効率で時間のかかる「民主主義」なる制度をとってるために、意思決定が……。

酒井　遅《おそ》いということですね？

李克強守護霊　うん。「遅い」っていうのが弱点だな。

酒井　あなただったら、尖閣は、いつごろ狙《ねら》うのがいちばんよいと思いますか。

李克強守護霊　そんなものはいつでも狙えるから、タイミングを見て、上手に政治利用をしなきゃいけない。そこまでやらないといかんからなあ。

北方領土にロシアの大統領（プーチン）も首相（メドベージェフ）も行って、竹島に韓国の大統領（李明博）も首相（韓昇洙《ハンスンス》）も行って、尖閣にだけ行かないってわけにもいかんでしょう。それは行くでしょうなあ。

酒井　日本の総理が尖閣に行ったら、どうされますか。

李克強守護霊　行くわけないじゃない、あの弱虫が。

酒井　行かないと思いますか。

李克強守護霊　行けるわけないでしょ？

酒井　しかし、行ったらどうしますか。

李克強守護霊　行けない。「遺憾《いかん》です」としか言わんよ。「イカン」っていうのは、「行かない」っていうことだから。

酒井　そうですね。それは確かです。

李克強守護霊　ああ、いかんねえ。

酒井　お上手ですねえ。

それで、もし、石原慎太郎《いしはらしんたろう》氏が尖閣に行ったら、どうしますか。

李克強守護霊　石原慎太郎が来たら？　撃《う》ち落とすよ。

酒井　石原慎太郎氏を？

李克強守護霊　うん。

酒井　空から行かないで、船で行くかもしれませんよ。

李克強守護霊　ヘリコプターで来たら撃ち落とすし、船で来たら沈《しず》めるよ。

酒井　東京都知事を撃って殺害したら、これは大きな問題になりますよ。

李克強守護霊　そんなことはありませんよ。

酒井　なぜですか。

李克強守護霊　中国船がやるとは限ってないもん。

酒井　では、どこが撃ち落とすのですか。

李克強守護霊　海賊船《かいぞくせん》がやりゃあいいんだよ。潜水艦《せんすいかん》だったら、どこがやったか分からないじゃないか。

酒井　ああ。

李克強守護霊　北朝鮮《きたちょうせん》なんか、そのために置いてあるんだからさ。ああいう、野良犬《のらいぬ》みたいな国家は、そのために置いてある。

米軍のアジア撤退《てったい》を進め、韓半島《かんはんとう》の征服《せいふく》を狙《ねら》う

酒井　あなたは、北朝鮮との関係をどうしたいのですか。

李克強守護霊　北朝鮮は、「生かすも殺すも、われわれの自由」なので、どうにでもなるけど、ただ、「ないよりは、あったほうが、政治利用できる」という感じかな。

酒井　北朝鮮と韓国《かんこく》が合併《がっぺい》したら、どうしますか。あるいは、それを望みますか。

李克強守護霊　まあ、今のところ、合併はありえない。征服《せいふく》はありえるけど、合併は

ない。

酒井　「征服」ならば望むのですね。

李克強守護霊　うん。中国軍が南下した場合には征服できるな。だから、その前の手順として、今、在韓米軍と沖縄《おきなわ》の米軍の撤退《てったい》作業を進めてるんじゃないか。

酒井　それに、あなたは、何かかかわっていますか。

李克強守護霊　これは、基本的には国家戦略だから、いちおう合意はできてるよ。

酒井　「中国として行《おこな》っている」ということですよね。

李克強守護霊　「アメリカはできるだけ遠ざける」っていうのが国家戦略なんだ。

酒井　北朝鮮は、息子《むすこ》の代になって、かなりいきり立っていましたね。今、影《かげ》を潜《ひそ》めていますが。

李克強守護霊　まあ、あれは完全に飾《かざ》りですな。

酒井　飾りですか。

李克強守護霊　ええ。（中国の）傀儡《かいらい》で、〝バカ殿《との》〟であるのは、みんな知ってるから、中国軍の言うとおりになるね。

酒井　彼は、すぐにでも動きそうな感じだったんですが、今は自制しています。このあと、あなた、あるいは中国は、どういう指示を出すのですか。

李克強守護霊　適切な時期に、やっぱり、政治的な意味のある行動を取らさないといけないよねえ。

酒井　「ミサイルを撃て」など、そういうことは言わないのですか。

李克強守護霊　うーん、それは「撃て」と言やあ、いつでも撃つだろう。ミサイルぐらいは撃てる。

酒井　今はその時期ではないと？

李克強守護霊　いやあねえ、だから、もうちょっと効果的にやらないといかん。

酒井　「効果的」というのは、例えば、どういうことですか。

李克強守護霊　効果的なときってあるじゃないの？　例えば、日本が総選挙をやってるときだとか、韓国の大統領が代わるときだとか、もうちょっと効果的なときがあるじゃない？

酒井　タイミングを見ているのですか。では、「日本の選挙はいつになるか」というのが重要ですね。

李克強守護霊　ああ。それは大事だよね。特に、アメリカが休んどる日とかなあ、いろいろあるからね。

酒井　北朝鮮のミサイルは、アメリカまでは届かないですよね。

李克強守護霊　ええ？　アメリカが、サンクスギビング（十一月に行う感謝祭）でみんな休んでるとかさ、まあ、そんなのだってあるだろうし。

酒井　ただ、北朝鮮のミサイルは、アメリカまで届きません。

李克強守護霊　ああ。だけど、あの人は、ムズムズしとるようだからな。何かはするだろう。

酒井　さらに、尖閣に向かう石原氏を撃ち落とすような攻撃《こうげき》を、北朝鮮にやらせるのですか。

李克強守護霊　もし、上陸したら、尖閣諸島に向けて、そらあ、何か撃ち込《こ》むね。どういう手段で撃ち込むかについては、選択肢《せんたくし》は幾《いく》つか持ってると思うけど。

映画「ファイナル・ジャッジメント」は「日本占領《せんりょう》」の口実に使える

酒井　今年、幸福の科学では、映画「ファイナル・ジャッジメント」（製作総指揮・大川隆法）を製作、上映しました。

李克強守護霊　うーん、まあ、観《み》とらんのだけどな。

酒井　観ていないのでしょうか。噂《うわさ》も聞かれていませんか。

李克強守護霊　噂は聞いているよ。

酒井　さらに、この秋に、これも中国を想定した、映画「神秘の法」（製作総指揮・

大川隆法）を上映します。

李克強守護霊　ふーん。君らが、反中運動をやってるっていうこと自体は、もう、噂としては入っていて、公安部には、対幸福の科学の対策部もできているので、いちおう、そこで情報は全部集めてある。

酒井　こういう映画を流されるのは嫌《いや》ですか。

李克強守護霊　まあ、うまく使えば、逆に、「日本占領《せんりょう》」の言い訳に使えるかもしれないじゃないか。

酒井　ただ、日本国民の間に警戒心《けいかいしん》は強まります。

李克強守護霊　だから、「日本が、ちょっと〝オコゼ〟になって、変な発言している」と捉《とら》えて、中国国民に怒《おこ》らせといて、軍事行動をすることは可能になるな。

酒井　うーん。なるほどね。

5 「アジア植民地化」への野望を明かす

「米中同盟を結び、日本を外す」というのが李克強の基本戦略

酒井　話は変わりますが、あなたは、アメリカとの関係を、どのように考えていますか。次期国家主席、あるいは、首相になったときに、どのようにするつもりですか。

李克強守護霊　うーん。まあ、別にねえ、アメリカと戦争して、今すぐ勝てるとは思ってないんでね。

だから、基本戦略は、「米中同盟を結んで、日本を外す」ということなんだ。

酒井　それは可能なんですか。

李克強守護霊　可能だね。利害を重視する人が向こうの指導者であれば。

酒井　その指導者は、民主党のほうがいいですか。

李克強守護霊　まあ、どっちでも可能だけど、民主党のほうが、やや楽だね。だって、中国のほうが経済規模も大きいし、軍事的にも脅威《きょうい》であろうから、アメリカのほうが、経済的にも軍事的にも衰退《すいたい》していった場合に、「中国との戦争を避《さ》け、経済規模を拡大して景気を回復したい」と願う人が出てくれば、それは、「待ってました」だな。

酒井　いや、それはあなたの理想ですが、今、現実は、アメリカが対中包囲網《ほういもう》をつくろうとしていますよね。

李克強守護霊　いやあ、それは何とも言えないな。クリントン夫人が、そのつもりでちょっとパフォーマンスをやってるけども、それに、オバマさんが引っ張られてるような感じには見える。

ただ、オバマさんは、イスラム圏《けん》のイラクとアフガンで、もういいんじゃないか。いいかげん、嫌《いや》になってると思うな。

酒井　なるほど。

李克強守護霊　これ以上、やりたくはないよなあ。

酒井　では、李克強氏には、世界戦略はあるわけですね。もし、国家主席になったら、それを打ち立てないといけないわけですが。

李克強守護霊　うん。

酒井　それはどのようなものですか。

李克強守護霊　まあ、日本とロシアを中国の下《した》に組み敷《し》くことは、いちおう、考えている。

酒井　ロシアもですか。

李克強守護霊　うん。ロシアも組み敷かなきゃいけないね。
　昔は、向こうが本家だったが、今は、ロシアを組み敷かなきゃいけないと思ってる。

酒井　世界戦略はそれだけですか。

李克強守護霊　うん？　そして、アメリカとの同盟をしばらくは結ぶが、こちらの勢力が上になったときに、「世界の警察官」になるのは中国だな。

酒井　「世界の警察官」ではなくて、「世界の海賊《かいぞく》・山賊」ではないのですか。

李克強守護霊　いや、それは価値観による。

君たちは、昔の時代に戻《もど》ればいいわけよ。二千年前に戻って、中国に朝貢《ちょうこう》外交をすればいいのよ。年に一回、貢《みつ》ぎ物を持って〝皇帝《こうてい》〟に会いに来ればいいのよ。それだけだな。「日本国王」に任命してやるから。

酒井　日本はともかく、あれだけの核《かく》を持っているロシアが、どうしてあなたがたに屈服《くっぷく》するのですか。インドにだってありますよ。

李克強守護霊　まあ、ロシアの核は、もう古いからね。全部、処分したがってて、今、売り飛ばしてるからさあ。

だから、今、それが、「イランとか、変なところへ入るんじゃないか」と思って、みんな、怯《おび》えてるんだよ。

日本や韓国《かんこく》、ASEAN《アセアン》諸国を「植民地化したい」

酒井　なるほど。そうしますと、その世界戦略は、習近平《しゅうきんぺい》氏とほとんど変わらないですね。

李克強守護霊　うーん、そうかなあ。

酒井　ただ、頭の出来はあまり変わらず、二人とも同じぐらいか、あなたのほうが少し下ぐらいでしょうか。

李克強守護霊　そうかなあ。でも、アメリカを取り込《こ》んでしまおうとしているわけですから、それはちょっと違《ちが》うんじゃないかなあ。

酒井　そのへんは、あなたのほうが大きいのですか。

李克強守護霊　習近平のほうは、アメリカとぶつかるような戦略を正面に出していこうとしてるから、「強者の戦略」で戦おうとしている。

しかし、私は、客観的に分析《ぶんせき》して、「今、正面衝突《しょうとつ》したら、ちょっとまだ勝てる相手じゃない」と思うので、やはり、はっきりと逆転が見えるところまでは持っていかないといけないと思う。それまでは、アメリカとの戦争はしないようにしたい。

ただ、日本とか韓国《かんこく》、フィリピン、ベトナム、ラオス、カンボジア、タイ、こんな国々は「植民地化したい」っていう気持ちを持っている。

酒井　では、やはり同じですね。

李克強守護霊　そのためには、アメリカに邪魔《じゃま》されないことが大事だな。「アメリカに邪魔されないためにはどうしたらいいか」といったら、同盟国になればいいわけだよ。そうすれば、邪魔されないわけだ。

だから、「あなたがたも、こちらのほうに、第七艦隊《かんたい》、第五艦隊を送って、経費が大変だろう。代わりに中国がこちらを警備してあげるから、あなたがたは、もう、そちらの国内問題のほうにかかわって、国内の立て直しを中心にやってください」ということを言うね。

酒井　それでは、太平洋は、あなたがたが守るというのですか。

李克強守護霊　まあ、そういうことになる。基本的にはな。日本は、もうナッシングだから。

酒井　ナッシング？　もう、ナッシングですか。

李克強守護霊　ああ。存在してるだけで、何の役割もない。要するに、行動も反応もないからね。

日本を狙《ねら》うミサイルは三カ所に配備してある

酒井　あなたが強気である背景には、「何か」がありますね。

先般、大川隆法総裁が中国のゴビ砂漠《さばく》方面を遠隔透視《えんかくとうし》したところ、非常に数多くの核ミサイルが地中に埋《う》まっているのを発見したのです。これらのミサイルは、日本各地の主要都市をはじめ、アメリカやその他の国々にも向けられているようでした（『中国「秘密軍事基地」の遠隔透視』〔幸福の科学出版刊〕参照）。これは、事実ですか。

李克強守護霊　うん。日本を狙《ねら》うミサイルは、三カ所ぐらいから発射できるようになっている。

酒井　ゴビ砂漠だけではなくてですね。

李克強守護霊　ああ。それだけじゃなくて、ほかからも……。

酒井　沿岸部もですね。

李克強守護霊　うん。沿岸部と、北朝鮮《きたちょうせん》を押《お》さえてる所、いわゆる瀋陽軍区《しんようぐんく》にも、実は、日本を狙うミサイルがある。三カ所から撃《う》てるので、防ぎようがないね。

酒井　これは、実際に撃つことはない？

李克強守護霊　撃てる、撃てる。生意気なことを言ったら撃つかもしらんな。まあ、日本の経済を崩壊《ほうかい》させても、いいことはないから、全部滅《ほろ》ぼす気はないけども、屈服させればいいだけでしょ？

酒井　ただ、ゴビ砂漠の施設《しせつ》は、アメリカのバンカーバスター（地中貫通爆弾《かんつうばくだん》）という兵器で、簡単に破壊できると思われますが。

李克強守護霊　うーん。だけど、あのへんの地区だと、ＣＩＡも入りようがないんだよ。

酒井　空から行きますよ。

李克強守護霊　いや、だって、空からでは分からないよ。なかが映らないもんね。だから、何かが分からない施設というのは、やっぱり攻撃《こうげき》しにくいよな。

酒井　しかし、今回の遠隔透視によって、地下の構造まで明らかにしていますから、ほぼ確実です。

李克強守護霊　まあ、それだけの情報では、攻撃できないだろうね。やっぱり、裏づけが取れなければね。だから、そこの勤務から退役《たいえき》して民間人になっているような者でもとっ捕《つか》まえて、情報の裏を取らなければ、攻撃までは無理だろうねえ。

酒井　なるほど。

国民の顔色をうかがう日本政府に核武装《かく》は無理

酒井　今、日本では、反原発運動などで、核《かく》アレルギー、原発アレルギーが出ていますが、いずれ、「〝抑止力《よくしりょく》としての核〟を日本が持つかどうか」といった論議が出てくると思うのです。

李克強守護霊　でも、この国は、「国」じゃないからな。国家じゃないので、まあ、無理だろうよ。

酒井　ただ、習近平氏は、内心、「日本をどれくらい締《し》め付けたら核論議が始まるか。これが最も重要なポイントである」と考えているようです（『孫文《そんぶん》のスピリチュアル・メッセージ』〔幸福の科学出版刊〕参照）。

李克強守護霊　まあ、日本はねえ、ほんとにアホだからさ。「民主主義」とかいう、能率の悪いことをやってるからな。政党をいっぱいつくって、悪口ばっかり言い合って、マスコミに誘導《ゆうどう》されて、国民の顔色を見てやらないといかんような政治をやってるからさあ。

要するに、「核武装する」と言ったって、決まる前に、みんなに知られてしまう。とっくの昔に知られてしまうからさ。こんな国に、防衛力はないのよ。

こういうものはだな、内緒《ないしょ》で秘密裡《ひみつり》につくらなければ意味がないんであって、発表するときには、もう、できてなきゃいけないんだよ。

「これからつくっていいかどうか」「憲法改正してつくっていいかどうか」なんてやってたら、そんなのは（笑）、何の抑止力にもならないだろうね。

われわれとしては、それがつくられてる所を攻撃すりゃいいわけです。「防衛上攻撃する」と言えば、それで済むことですから。日本にはできないけど、こちらはできるんだからね。

酒井　そうですか。分かりました。

6 「中国民主化革命」と幸福の科学のかかわり

「要人を監視《かんし》し、反乱の芽を潰《つぶ》す」というのが李克強の対策

酒井　それでは、次の質問をさせていただきます。

中国国内の弱点として、今、経済格差が開《ひら》いてきています。また、インターネット環境《かんきょう》の整備・普及《ふきゅう》によって、これまで中国国内では隠《かく》されていたような情報も、かなり明らかになってきています。

そんななかで、今、民衆からの反発が強くなっています。経済が悪くなっただけでも反発心を持つのでしょうが、さらに、共産党の上層部が権力を持ち、私腹を肥やしているわけです。このような状況《じょうきょう》では、いずれ革命が起きるおそれはありませんか。

李克強守護霊　うーん……。まあ……。

酒井　現体制を維持《いじ》できるのでしょうか。

李克強守護霊　そらあ、国外からも、（革命を）狙《ねら》ってる人はいるからさあ。アメリカの政治家やＣＩＡ系でも、それを狙ってる人はいるだろうし、日本にもいるだろうとは思うけどね。

中国っていうのは、「分裂《ぶんれつ》しては、統一国家をつくる」という歴史の繰《く》り返しをやっているのでね。でも、せっかく統一国家をつくれたんだったら、まあ、多少の人民が犠牲《ぎせい》になってでも、国家を維持することのほうが、メリットは大きいからね。

一つには、「自治区での独立運動」で、旧ソ連のように内戦がいっぱい起きる可能性がある。これを押《お》さえられなくなったときの怖《こわ》さはあるね。要するに、軍部のほうが完全掌握《しょうあく》できなくなれば、自治区の民族が独立運動を起こし始めることはありえるよな。こういうかたちのものが一つある。

もう一つ、「所得の南北格差」みたいなもので、国が割れてくることもありえる。

それから、いわゆる格差問題等に端《たん》を発して、民衆が、われわれを含《ふく》めた中国の政治家への不信感を強めて、もし、軍隊を味方に引き込《こ》むことができれば、「軍隊を使ってのクーデター」っていうのも起きるよな。

今、シリアをはじめとするアフリカのイスラム圏《けん》、いろんな所で紛争《ふんそう》が多発してるが、それと同じようなことを起こそうとしてるやつは、中国国内にも当然いる。

酒井　それに対する手は打っているのでしょうか。

李克強守護霊　うーん……。今までだって、いくらでも暴動は起きているが、鎮圧《ちんあつ》にかかっている。基本的に、武器や軍人などの兵力差があれば、民間人に勝ち目はないのでね。

だから、軍部の一部が蜂起《ほうき》するようなやつが、いちばん手強《てごわ》いな。

酒井　軍部にも不満は溜《た》まっていませんか。

李克強守護霊　まあ、一枚看板と言っても党派性はあって、出世が遅《おそ》い者もいるし、左遷《させん》される者もいるから、そういうやつがちょっと危ない。それと、自治区のほうを守ってる軍隊なんかが反乱軍になった場合には、そこに核《かく》兵器等もだいぶあるので、少し危険度は増すな。

酒井　あなたは、それに対して、明確な対策を打とうとされているのでしょうか。

李克強守護霊　「基本的には、人事でやるしかない」とは思っているけどもね。各地の要人に対しては、みんな、スパイが付いてるからな。情報収集は怠《おこた》っていないので、不穏《ふおん》分子に対しては、ちゃんと左遷ないし降格をするし、あるいは、どうしようもないと見たら、重慶市《じゅうけいし》のようなスキャンダルを起こしてでも潰《つぶ》すよ。

香港《ホンコン》で「中国のリーダーたれ」と説いた大川隆法の説法《せっぽう》は知っている

酒井　幸福の科学の霊査《れいさ》によりますと、今後、中国において平和裡《へいわり》に革命を起こしていくであろう勢力、あるいは、有力な人物は、すでに存在しているようです（『孫文《そんぶん》のスピリチュアル・メッセージ』参照）。

李克強守護霊　そうかなあ。この前、サングラスをかけた、目が見えん人かなあ（人権活動家の弁護士、陳光誠《ちんこうせい》氏）、あれだって、もう必死で、北京《ペキン》のアメリカ大使館だったか、なかに逃《に》げ込んでさ。留学の名目でアメリカへ逃げるぐらいで精いっぱいだったからね。あの程度なら、まだ、転覆《てんぷく》は無理だよね。

酒井　そうですか。

霊的には、孫文氏も、幸福の科学をご支援《しえん》いただいています。

李克強守護霊　ああ。それに対しては、中国語圏でも、もう噂《うわさ》は出回っておるよ。だから、「幸福の科学はカルト宗教だ」っていう、逆の噂を一生懸命《いっしょうけんめい》流してるんだ。

酒井　また、「信じるか信じないか」という話になるでしょうけれども、「老子《ろうし》・荘子《そうし》の霊言《れいげん》」も出ました（『公開霊言　老子の復活・荘子の本心』〔幸福の科学出版刊〕参照）。

このように、中国の民衆が尊敬するあたりの方々で、「光の天使」と言われる有力な方々は、すべて幸福の科学側に回っております。

李克強守護霊　あと、台湾《たいわん》や香港《ホンコン》あたりを反乱軍に仕立て上げられると、少し困る。

酒井　香港での大川隆法総裁の説法《せっぽう》はご存じですか。大川総裁は、香港の人々に向けて「中国のリーダーたれ」と説かれました（二〇一一年五月二十二日の英語説法「The《ザ》 Fact《ファクト》 and《アンド》 The《ザ》 Truth《トゥルース》」（『事実』と『真実』）。『大川隆法　フィリピン・香港　巡《じゅん》錫《しゃく》の軌跡《きせき》』（幸福の科学出版刊）参照）。

李克強守護霊　うーん、ブリーフ（要約）は上がってきてるよ。まあ、今は、勢力的にはせいぜい数千と見ているので、影響力《えいきょうりょく》としては、まだ、そんな革命を起こせるところまでは行かないだろう。

「自由の思想」による同時多発革命を恐《おそ》れている

酒井　ただ、あなた自身にとって、国内での反乱や革命というものは非常に怖いですよね。中国には「易姓《えきせい》革命」（為政者《いせいしゃ》が徳を失い、天命を失ったときに革命が起きるという考え方）もあります。

李克強守護霊　まあね。同時多発的に革命が起きた場合にはきついね。「台湾や香港、上海《シャンハイ》等が、自由を求めて一斉《いっせい》に独立運動を起こし、それと同時に、内モンゴル自治区やチベット自治区、ウイグル自治区など、占領《せんりょう》した自治区で一斉蜂起して、北京に向かってくる」みたいな状況は危険だ。

万一《まんいつ》のことを考えれば、北朝鮮《きたちょうせん》の暴発によって国際世論《せろん》が逆回転してくる動きも、ないとは言えないんでねえ。

まあ、（幸福の科学は）それを仕掛《しか》けようと思っとるんだろうけど、うちもバカではない。君らは、中国共産党七千万人の官僚《かんりょう》をバカにしてはいけないんだよ。

酒井　しかし、七千万人ですよね？　中国の人口は何人ですか。

李克強守護霊　まあ、十三、四億はいるかなあ。

酒井　そのうちの七千万人ですよね。

李克強守護霊　うーん。

酒井　ほかの人たちはどうなっていますか。

李克強守護霊　それは、飯《めし》が食べられてるうちは文句を言わんが、食べられなくなったら文句が出てくるなあ。

酒井　ただ、中国に「自由の思想」が入ってきたときに、人口比では……。

李克強守護霊　うん。だから、「言論の自由」が入るとなあ、「不公平だ」とか、いっぱい言い始めるので、あんまりよくないなあ。

酒井　今、自由の思想は、どんどん中国に入ってきていますよね。

李克強守護霊　今は、中国の観光客が、日本に行って買い物をしてるんだけども、思想的には、やっぱり、少し染まるところもあるようなのでな。

民主党政権下で、うまいこと日本を乗っ取るつもりでいたんだけど、逆に、日本文化が少し入って来つつあるところもあって……。

酒井　入りましたねえ。

李克強守護霊　旅行した人には、日本のよさが分かるものもあって、このへんが少し難しくなってきたんだなあ。

酒井　今、中国人のなかにも親日派が増えていますね。

李克強守護霊　まあ、だけども、戦争を起こせば、すぐ反対に回るからな。尖閣《せんかく》あたりの問題で、石原都知事かなんか知らんが、〝気の狂《くる》ったおじさん〟がいるじゃない？

ああいうのが、強硬《きょうこう》発言をして、強硬なことをして、中国国民を激昂《げきこう》させて、一枚にまとめてくれたら、うれしいなあ。

酒井　ただ、石原都知事のやり方は、極《きわ》めて中国的なやり方ですよね。

李克強守護霊　まあ、中国人は、ああいうふうになるな。

酒井　それならば、「それは当たり前だ」ということで、中国人も別に怒《おこ》らないのではありませんか。

李克強守護霊　いやあ、怒るのよ。中国人は、実際に喧嘩《けんか》するのよ。

酒井　以前、「中国人は、仲がいいと喧嘩をする」と、キッシンジャーの守護霊が教えてくれたのですが（『世界の潮流はこうなる』〔幸福実現党刊〕第2章参照）。

李克強守護霊　うーん。だけどなあ、石原都知事を攻撃《こうげき》したら、東京都は中国に対して反撃できるのかい？

酒井　いや、そのときは、国が反撃するんですよ。そうは言っても、都知事も公務員ですから。

李克強守護霊　国がするわけない。石原と国とは仲が悪いんだから。

酒井　いやいや、「仲がいい」とか「悪い」とかいった問題ではありません。

李克強守護霊　石原と国とは共闘《きょうとう》しないよ。

酒井　いや、共闘もしますよ。

李克強守護霊　しないよ。次、政党つくってさあ、国政を……。

酒井　自民党の幹事長だって息子《むすこ》なんですから。

李克強守護霊　息子ぐらい、そんなもん、すぐ裏切るよ。

酒井　中国とは違《ちが》うんです。

李克強守護霊　ええ？　親子は基本的に殺し合うもんだからなあ。

酒井　いやいや、日本人は、そんなことをしません。

さらに幸福の科学の影響《えいきょう》が強まれば「弾圧《だんあつ》をかける」

酒井　幸福の科学の思想は、今、ジワジワと中国のなかで広まっています。あなたの配下の政治局員など、重要なメンバーのなかにも、この思想を信奉《しんぽう》している人がいるとしたら、どうですか。そのことを知っておいたほうがいいですね。

李克強守護霊　まあ、本とかは出ているから、ちょっとあれだけども、中国に幸福の科学の思想的な影響《えいきょう》を受けている人間が存在するとして、私らのつかんでるところでは、今のところ、「推定一千万人は行かない」と見ているので、まあ、五百万人ぐらいまでかなあと思う。

酒井　そんなに少ないでしょうか。中国内で、幸福の科学の本はかなり普及していますよ。

李克強守護霊　まだ、これでは無理。五百万人では引っ繰り返せないなあ。

酒井　思想というものは、等比級数的に広がっていきますので、「時間がたてばたつほど、あなたがたの基盤《きばん》は揺《ゆ》らいでいく」と、ご理解いただいてよいと思います。

李克強守護霊　そうだねえ、客観的に、五千万人ぐらいまで影響し始めたら、ちょっとこれは、何か弾圧《だんあつ》をかけないと危ないな。

7　次期首相としての抱負《ほうふ》を語る

次期政権では、「外政は習近平《しゅうきんぺい》、内政は李克強」？

酒井　あなたの計画はともかく、実際のところは、習近平《しゅうきんぺい》氏が次の国家主席となり、あなたは、そのときの首相になると思うんですよ。

李克強守護霊　うん？　うーん。

酒井　習近平氏が国家主席になるのは、ほぼ確実だと思われます。

李克強守護霊　私は、秀才《しゅうさい》だからねえ。まあ……。

酒井　その場合、あなたは首相になると思うのですが、お二人で政務にあたる際の戦略などは、いかがでしょうか。

李克強守護霊　習近平はねえ、いろいろと対外的なことをやる。それで、事実上、私が内政をやる。

酒井　ただ、あの人の過去世《かこぜ》をご存じでしょうか。あなたが「過去世」というものを信じるかどうかは分かりませんが、あの人の過去世はチンギス・ハンです。

李克強守護霊　いやあねえ、霊界《れいかい》は存在しないんだよ。

酒井　「霊界は存在しない」と？

李克強守護霊　うん。霊界は存在しないんだから、そんなバカな話は聞かないよ。

酒井　あの人は霊界を信じていますよ。

李克強守護霊　あ、そうなの？　ふーん、意外にバカだね。

酒井　バカ？　ああ、バカですか。

李克強守護霊　中国には、超能力《ちょうのうりょく》はあるんだけど、霊界はないんだ。

「李克強は人望が厚い」という評判は本当か

近藤　私のほうからは、李克強氏の人物像について、少しお伺《うかが》いしたいのですが……。

李克強守護霊　なんだね、君は？

酒井　いや、この人は、中国とご縁《えん》があるのです。

李克強守護霊　縁があるの？　ああ、そうかい。

酒井　いずれ、中国を〝解体〟する人になるかもしれません。

李克強守護霊　じゃ、早く殺さないといかんな。

酒井　いやいや。

李克強守護霊　それはいかん。中国を解体するんだったら、殺さないとな。

酒井　それは、百年ぐらい先の話ですから（二〇一二年三月三日収録「未来世透視《みらいせとうし》リーディング」を踏《ふ》まえての発言）。

李克強守護霊　拉致《らち》するぐらい簡単だよ。うん。

近藤　あなたさまのことを調べますと、けっこう人望が厚く……。

李克強守護霊　「あなたさま」と来たか。うん、あんたは、こいつ（酒井）よりは言語能力が高いわ。

酒井　「こいつ」とか言わないでください（笑）。

近藤　部下を決して怒鳴《どな》りつけたりせずに……。

李克強守護霊　「……せずに」、ふんふん。

近藤　また、他人の悪口も言わず……。

李克強守護霊　そう。全然言ったことないな。うん。

近藤　常に笑顔を見せているなど……。

李克強守護霊　ああ、そのとおりだ。

酒井　あなた、私には悪口を言いましたよね。

李克強守護霊　あんた、人相が悪いからな。

（資料の李克強氏の写真を見て）ええ？　わしの写りも悪いなあ。あるいは、あんたといい勝負じゃないか。

近藤　「李克強氏が出世されたときには、喧嘩《けんか》した相手であっても引き上げる」ということですが。

李克強守護霊　そうなのよ、そうなのよ。器《うつわ》が大きいのよ。

近藤　「人望が厚い」という評価があるのですけれども……。

李克強守護霊　本来なら、トップになるべきなのよ。

近藤　それは、ご自分の本心からの言葉でしょうか。

李克強守護霊　うん？

近藤　本心から、そういう性格でございますか。

李克強守護霊　いや、ちょっと勉強しすぎて、エリートになりすぎたところがあるからなあ。

中国では、あんまりエリート臭《しゅう》が強いのはよくないんだよな。大衆色を持たないといけないので。まあ、そこが、あれかな。今のところ、「もう少しバカなところも見せないといけないのかなあ」とは思ってるがな。

アメリカンな考えも少し入ってるところは、警戒《けいかい》されているのかもしらんな。

本音は「アフリカ、南米まで中国支配圏《しはいけん》に入れたい」

近藤　今、「アメリカンな考えが入っている」とおっしゃいましたが、「中国を資本主義的な国にしよう」ということは考えたりしないのですか。

李克強守護霊　経済の面においては、ある意味での、資本主義的な競争の原理自体は捨てられない面はある。

でも、それをやったらさあ、やっぱり、貧富《ひんぷ》の差は当然生まれてくるし、「貧富の差が生まれる」ということは、「発言力に差が生まれる」ということであるからして、同等には扱《あつか》えなくなるよね。

今、農業国から離陸《りりく》しようとしてるからねえ。そしたら、だんだん、ものを言う人が増えてくる。そのへんの難しさは、当然あるな。十三億人が、それぞれ勝手なことを言い始めたら、それなりに難しい。

だから、国家がバラバラにならんように、分割《ぶんかつ》されないようにまとめるのが、私の仕事だろうね。

われわれは、ロシアの惨《みじ》めな姿を見てきたからねえ。あれだけ大国家だったのが、内戦を起こしてバラバラになってしまって、世界の最強国から、あっという間にストーンと落ちてさあ、経済的にもガタガタになっていったので、そうはならないように、今、一生懸命《いっしょうけんめい》やっとるのよ。

近藤　あなたは、中国の次期首相と目《もく》されていますが、ご自分の使命は、どういうところにあるとお考えですか。

李克強守護霊　そうだなあ。このへんは習近平氏と同じかもしらんが、やっぱり、アフリカから南米まで、中国の支配圏《しはいけん》に入れたいな。

まあ、北米はちょっと難しいかもしれないが、アメリカには「孤立《こりつ》主義」の時代に戻《もど》ってもらいたい。

近藤　分かりました。

8　今後の中国経済を、どう見るか

失業者を黙《だま》らせるには「毛沢東《もうたくとう》思想」がいちばん効《き》く？

近藤　あなたは「霊界《れいかい》を信じていない」とのことですが、〝二人三脚《きゃく》〟で歩んでいかれるであろう習近平《しゅうきんぺい》氏の守護霊は、ご自分の過去世《かこぜ》を、「チンギス・ハン」と名乗っておられました。あなたは、ほかの名前で生まれた記憶《きおく》などはございますか。

李克強守護霊　うーん……、よく分からんなあ。だから、私はねえ、「脳のなかの精神作用」なんだよ。脳のなかの精神作用を、今、日本の超能力者《ちょうのうりょくしゃ》によって翻訳《ほんやく》されてるのよ。それだけなんだ。

君の言ってることは、よく分からないね。人間、死んだらねえ、肉体は分解されてなくなるし、精神作用も、結局、脳と神経が動かしてるものだから、分解されて消えてなくなるのよ。
基本的には、この世に生きてる間が花だね。

近藤　その考えは、マルクスの思想にとても似ていると思うのですが。

李克強守護霊　基本的に、これが世界の常識なんだよ。

近藤　マルクス主義思想などに対しては、どうお考えになっていますか。

李克強守護霊　うーん、まあ……。今、マルクスを読んでる人はほとんどいないけどね（笑）。標語だけ学んではいるけど、まともにマルクスを読む人は、もういないね。ただ、今、「毛沢東《もうたくとう》思想に戻《もど》ろう」っていう運動は起きてるわ。

「毛沢東思想に戻れ」とは何かっていうことだけど、今、経済的に、ちょっと発展がかげっているんでね、失業者が増えてるわけだ。ずばり言やあ、「失業者を黙《だま》らせるには、毛沢東思想がいちばん効《き》く」っていうことだよ。

毛沢東の時代は貧しかったからね。戦後の中国は、貧しい農村時代だったからさ、その時代にも、「先軍《せんぐん》思想」と言って、核《かく》兵器の開発とか、国防優先でやった。要するに、「貧しくて『食うや食わず』でも、人の二千万や三千万ぐらい死んでも構わんから、核兵器をつくれ」というような思想だったからなあ。

今、経済的には、ちょっと不調で、失業者も増えてるけども、「人の一千万や二千万ぐらい死んだとしても、軍事用人工衛星は打ち上げる。宇宙ステーションはつくり続ける」っていうところかな。そういうことを続けないといかんという意味で、今、改めて、軍のほうに毛沢東思想を染《し》み渡《わた》らせようとしているところだ。

酒井　それは、あなたのお考えですか。

李克強守護霊　まあ、私が中心的に指導してるかな。

酒井　それでは、経済思想として、鄧小平《とうしょうへい》氏の思想はとらないのですか。

李克強守護霊　私も、いちおう、大学院で経済の勉強をしたんだけどねえ。毛沢東は、経済的には、あんまり成功しなかったよ（笑）。鄧小平は成功したんだけど、今は、「鄧小平路線が破綻《はたん》した」というふうに見られているわけでね。

酒井　いや、薄熙来《はくきらい》氏が「毛沢東思想の復活」を主張して、弾圧《だんあつ》されているではありませんか。

李克強守護霊　まあねえ、だから、失敗した場合には、そういう象徴《しょうちょう》的な人物を、「汚職《おしょく》など、何か悪いことをした」ということで失脚させて、〝ガス抜《ぬ》き〟をするんだな。

酒井　それは、胡錦濤《こきんとう》氏の考えとも違《ちが》うのではありませんか。

李克強守護霊　そうかね。まあ、そうかもしらんけど、とにかく、今の不動産不況《ふきょう》とか、会社の倒産《とうさん》による失業とかは、ちょっときついなあ。

酒井　ただ、毛沢東思想を復活させると、また革命のような感じになりませんか。

李克強守護霊　「銃口《じゅうこう》から革命が起きる」から、軍が動く可能性もないわけでは……。

酒井　中国は揺《ゆ》らぎませんか。

李克強守護霊　うーん、その可能性はあるけどな。だから、「不満を言うやつらを、銃口で黙らせなきゃいかん」っていうことだねえ。

酒井　あなたは、そういう考えなんですね。

李克強守護霊　ある意味では、外敵をつくる必要があるわけだ。「中国本体に大きな影響《えいきょう》が出ない範囲内《はんいない》」で、紛争《ふんそう》を起こす必要がある。

酒井　ただ、毛沢東思想でいくと、「格差是正《ぜせい》」の方向にいきますので、経済はかなり落ち込《こ》んでいきますよね。それとも、経済政策としては別なのですか。

李克強守護霊　だから、まあ、「地主から土地を没収《ぼっしゅう》して、小作農に分配するような思想」（土地革命）は、今で言えば、「企業《きぎょう》で大儲《もう》けした連中から資本を奪《うば》う」っていうことに変わると思う。

酒井　そんなことをするつもりですか。

李克強守護霊　いやあ、だからねえ、今、そういう連中の一部は、とりあえず香港《ホンコン》に逃《に》げている。赤ちゃんを香港で産むやつがけっこう増えてね。「香港で産んで、永住権をもらえれば、あと三十五年ぐらいは経済的自由がある」と思って、あそこで産むのが流行《はや》ってるけども、今、（香港政府も）制限をかけてきてる。

そこで、香港の次には、シンガポールのほうに逃げる連中もいるが、「シンガポールでも逃げ切れない」と思ってる連中は、さらに、カナダに逃げてる。このあたりを逃がさないように、ちょっと、囲い込みをやらないといけない。

「二〇二〇年まではアメリカ経済に追いつきたい」という希望

酒井　そうしますと、「現在の胡錦濤路線と、習近平氏とあなたが行う、次世代の経済政策は違う」ということになりますか。

李克強守護霊　習近平は、基本的に経済は分からない。

酒井　では、あなたがコントロールするのでしょうか。

李克強守護霊　ああ。経済は、私がやることになる。

酒井　あなたの経済的なものの考え方は、「これ以上の高度成長は目指さない」というものですか。

李克強守護霊　私は、経済学の博士号を持ってるの。北京《ペキン》大学だけどね。

酒井　何の経済学を学んだのですか。

李克強守護霊　ええ？　それは中国経済……。過去の。

酒井　その経済学では、今は通用しないのではありませんか。

李克強守護霊　まあ、（中国は）発展したから、通用してるんじゃないの？　だけど、今、改革が要《い》るわけだからなあ。新しい改革者が要るわけだからさあ。

酒井　それでは、経済成長はそれほど追い求めずに、格差を是正する方向に向かうのですね。

李克強守護霊　いやいや、アメリカに追いつくつもりでいるから、もうちょっと成長しなきゃいけないよ。

酒井　では、今の経済路線は否定しないわけですね。

李克強守護霊　アメリカに追いつくまではやりますから。

酒井　その考え方のキーマンは、あなたではなく、別の人なのですね？

李克強守護霊　遅《おそ》くとも二〇三〇年までにはアメリカに追いつきたい。まあ、できれば、二〇二〇年までに追いつきたい。

「中国バブル崩壊《ほうかい》」に打つ手はあるか

酒井　ただ、中国のバブルが崩壊《ほうかい》していったときに打つ手は考えていますか。

李克強守護霊　「バブルが崩壊した」と言われてはいるんだけど、まあ、すぐ持ち直すかもしれないし……。

酒井　どのようにすれば持ち直すのですか。

李克強守護霊　様子を見てるんだよ。北京オリンピックと上海万博《シャンハイばんぱく》の開発ブームが終わったあとの落ち込みは、あらかじめ、ある程度、予想されてたことだから、「ここ二、三年ぐらいの不動産絡《がら》みの落ち込みは、当然ありえることだ」と思っていたけど……。

酒井　このあと、あなたは、どういう手を打つのですか。

李克強守護霊　ええ？　だから、また、躍進《やくしん》させるように……。

酒井　その「躍進」とは、金融《きんゆう》政策でいくのか、公共事業、公共投資などを増やすのか、具体的にはどうするのですか。

李克強守護霊　基本的には、「中国企業の国際競争力をつけて、中国製品を世界に売りまくる」っていうことだなあ。

酒井　うーん。ただそれは……。

李克強守護霊　はっきり言やあ、「今は日本企業の下請《したう》けになっている中国の工場《こうじょう》を、中国主体の企業に変えていく」っていうことだよな。まあ、例えばな。

酒井　ただ、労働賃金が非常に上がってきていて、中国製品も高くなっていますよね。そんなものが輸出で勝てるのですか。

李克強守護霊　やっぱり、それに合わせて、質的な向上も必要だな。

だから、今、質のアップに励《はげ》んでるところであって、〝観光客〟が日本に行ってだな、日本の技術レベルや商品レベルのチェックに余念がないわけよ。

酒井　では、「高品質・高付加価値の物を売る」ということですね。
李克強守護霊　それに移行しないといかんのは分かってるよ。うん。
酒井　それはできるのですか。
李克強守護霊　できる。中国だけで独自にできる。
これまでは、中国でつくった半製品を日本に送って仕上げてもらい、それを日本から輸出するような経済だったけれども、今後は、中国から世界各地へ直接売れるような経済に変えていくつもりだ。
要は、〝日本パッシング〟だな。「日本の下請け工場」から脱出《だっしゅつ》して、日本を超《こ》えたいね。
酒井　うーん。
李克強守護霊　日本は、ほかの所に下請け工場を求めようとするだろうけども、その下請け工場にしようとしてる東南アジアあたりは、まもなく中国の支配下に置かれるようになるからな。

酒井　そうなると、軍事的な問題も関係してきますが。

「経済学博士《はかせ》」でも本当は経済が苦手？

酒井　「習近平氏は経済に弱い」とのことですが。あなたは北京大学の……。

李克強守護霊　私は経済学博士《はかせ》だ。

酒井　「北京大学の経済学博士」ですよね。

李克強守護霊　うん。北京のなあ。

酒井　やはり、弱点としては、自由主義的な経済知識ですね。

李克強守護霊　だけど、もし、アメリカ経済を研究してたとしたら、ちょっと合わないからな。

酒井　あなたは、アメリカ経済についてては研究していないのですか。

李克強守護霊　いや、勉強はしてるよ、少しはな。うんうん。

酒井　ただ、それを採用しようとはしない？

李克強守護霊　それに、まあ、留学した人たちを、経済人として使ってはいるけど、今、ちょっと、国外脱出が多くなってきてるんだよ。

酒井　それでは、優秀《ゆうしゅう》な頭脳が流出して、国家運営は非常に難しいでしょうね。

李克強守護霊　前は、「海外渡航《とこう》の自由」なんてなかったからさ。国家から逃げられないんだったら、「所得の再配分」で、あるところから取って、違うところに撒《ま》けるんだけどね。最近はだいぶ国外脱出をし始めてるので、このへんをどうするかだね。

日本はねえ、意外に、国外脱出ができないんだよ。島国だし、語学ができねえから、国外脱出できないんだな。国内の金持ちから金を取って、ばら撒けるんで、意外に共産主義的なんだよな。

酒井　今までの話をお聞きしますと、あなたは、経済は、それほど得意とは思えませんが。

李克強守護霊　いや、得意ですよ。

酒井　そうですか。

李克強守護霊　得意ですよ、何を言ってるんですか。法律も経済も得意なんだ。

酒井　分かりました。では、その路線で頑張《がんば》っていただきたいと思います。

李克強守護霊　ああ、うーん。

9　李克強氏の過去世《かこぜ》探究を試みる

インスピレーションや夢をも「狂気《きょうき》」と捉《とら》える李克強守護霊

酒井　私からは最後の質問となりますが、あなたは、ヒトラーという人からインスピレーションを受けていたりはしませんか。

李克強守護霊　ヒトラー？

酒井　最近、そちらの世界で会ったことはありますか。

李克強守護霊　ヒトラーって、君、ドイツじゃないか。

酒井　いえいえ。最近、ヒトラーの霊《れい》が、中国にも影響《えいきょう》を与《あた》えているようなのです（『アダム・スミス霊言《れいげん》による「新・国富論」』『国家社会主義とは何か』参照）。

李克強守護霊　君ね、それは歴史上の人物だよ。
酒井　それでは、あなたは、最近、歴史上の人物で、「理由は分からないけれども、なぜ、この人がいるのか」というような人に会ったことはありませんか。
李克強守護霊　君、頭がおかしいんじゃないか。大丈夫《だいじょうぶ》か。
酒井　いや、例えば、あなたの夢のなかの話でもいいのです。「なぜ、こんな人に会うのか」という夢を見ることはありませんか。
李克強守護霊　君ねえ、早く治療《ちりょう》を受けたほうがいいよ。
酒井　あくまで、「夢のなかの話」ですよ。
李克強守護霊　北京《ペキン》にもいい病院がたくさんあるからさ、紹介《しょうかい》してあげるよ。
酒井　ご心配くださって、ありがとうございます。いずれ、必要になったら行きたいと思います。
李克強守護霊　早く行ったほうがいい。あのねえ、あんまり宗教がかった病院に行かないようにして、ちゃんと〝唯物論病院《ゆいぶつろん》〟に行って治してもらうといいよ。
酒井　李克強氏は、夢を見ないのですか。
李克強守護霊　ええ？　何をもって「夢」と言ってるのか。君、分からないな。
酒井　誰《だれ》でも睡眠《すいみん》中に夢を見るではありませんか。
李克強守護霊　だから、それは、「精神作用の一部」なんだよ。目が覚めているときの精神作用と、眠《ねむ》っているときの精神作用とは、当然ながら、違《ちが》ったものにはなりますけどね。
酒井　では、その違う精神作用のなかで、「何かおかしい。この人に会うはずがない」というような歴史上の人物が現れたことはありませんか。
李克強守護霊　君、やっぱり狂《くる》ってるわあ。病院に行ったほうがいいよ。今日は、まだ休日じゃないから、（近藤に）君、早く診察《しんさつ》に連れていきなさい。ねえ。
酒井　分かりました（会場笑）。

李克強守護霊　これ、やっぱり狂ってるわあ。

李克強氏の尊敬する人物とは

近藤　すみません、最後に、私からも一つ質問させていただきます。
　李克強氏の尊敬する人物、あるいは、強く憧《あこが》れたり惹《ひ》かれたりする人物、例えば、過去の偉人《いじん》でもよいのですが、そういう方がいらっしゃったら教えてください。

李克強守護霊　そうだねえ、まあ、首相ということで止まるんなら、近いところでは、周恩来《しゅうおんらい》。周恩来ぐらいの名宰相《めいさいしょう》にはなりたいかなあ。
　もっと昔の中国ということであれば、やっぱり、太宗《たいそう》・李世民《りせいみん》（唐《とう》の第二代皇帝《こうてい》）かなあ。あのくらいの政治家にはなりたいもんだなあ。うん。

酒井　なれそうですか。

李克強守護霊　もう、ほぼ、近いんじゃないかな。国は、昔に比べて、今のほうがずっと大きいからな。

酒井　ただ、胡錦濤《こきんとう》氏は、あなたがたよりも、その次の人を重視しているようですが。

李克強守護霊　いやあ、「チンギス・ハン説」が流れたらねえ、中国国内でも評判が落ちるんだよ。

酒井　ああ、そういうことなんですね。

李克強守護霊　君ら、そういう陰謀《いんぼう》でやってるんじゃないの?

酒井　あなたはそれを警戒《けいかい》しているわけですね。

李克強守護霊　あれは「元《げん》」だからね。モンゴルなんだよ。だから、チンギス・ハン説が流れるとねえ、モンゴル自治区を勢いづかせる気《け》がある。「モンゴルが中国を支配していた時代」が、「元」だからさあ。

酒井　あなたの過去世《かこぜ》は、漢民族ではなかったわけですね。

李克強守護霊　何を言ってんのよ。君、チンギス・ハンの話をしてるんでしょ?

酒井　いやいや。チンギス・ハンは、習近平《しゅうきんぺい》の過去世ですが、あなたは?

李克強守護霊　君、だから、「精神病院へ行け」って言ってるじゃないか（会場笑）。習近平が何を信じようと勝手だから、私は何も言わんけどさあ。

実際、そういう人もいるよ。

この前、殺されたサダム・フセインだって、なんか、「マホメットの生まれ変わり」みたいに言いたそうだったし、「ネブカドネザル二世（新バビロニア王国の第二代国王）の再来だ」と言うとったからなあ。「夢のお告げ」が降りたら、もうネブカドネザルに憧れとったわけだ。

まあ、君らの世界は、そういう世界だよ。

酒井　分かりました。あなたは、「そういう世界は信じない」ということですね。

李克強守護霊　少なくとも、「信じている」と言ったら、首相になれないから。

酒井　あ、信じている？　本当は信じているのですね？

李克強守護霊　いや、信じてないかもしれない。

酒井　では、やはり信じているのですね。

李克強守護霊　いやあ……。
酒井　だんだん、あなたは、自分が誰であるか、分かってきましたね。
李克強守護霊　何を言ってんだろうなあ。君らねえ、もうそんなねえ、もう……。
酒井　これ以上、お話ししても水掛《か》け論になりますので、これについては結構です。
李克強守護霊　「こんなマイナーな〝暗黒組織〟に、足を取られてたまるか」っていうのよ。ああ？
酒井　ただ、あなたは、自分が死んだことを知らないというのは……。
李克強守護霊　「死んだ」んじゃなくて、「生きている」んだって！
酒井　いやいや。あなたは、「この世で生きている」と思っているのですか。
李克強守護霊　もう、あんた、何を言ってる？　生きてるもんは生きてるんだっていうのよ。何を言ってるのよ。「執務《しつむ》をしてた」って言ってるだろうがあ。何を言って……。

酒井　あなたは、天国を知っていますか。

李克強守護霊　分からん。「太平天国の乱」っていうのはあったよ。うん。

酒井　天国でなければ、地獄《じごく》ということになります。

李克強守護霊　そんなのはキリスト教的な考え方だから。

酒井　いや、あなた自身が霊なのです。

李克強守護霊　中国では、孔子《こうし》でさえ、そんなもの、はっきりとは認めてないんだからさ。

酒井　まあ、共産主義者であれば、まっとうな考え方だと思います。

李克強守護霊　うーん。

酒井　本日は、どうもありがとうございました。

10　李克強氏の正体を推定する

習近平《しゅうきんぺい》氏と比べると「慎重《しんちょう》な実務家タイプ」か

大川隆法　どうですか（笑）。

酒井　（笑）

大川隆法　うーん。彼の本心に迫《せま》れたでしょうか。よく分かりませんでしたね。

酒井　そうですね。少し慎重《しんちょう》でした。

大川隆法　やはり慎重ですね。実務家として、仕事を固めるタイプの人なのではないでしょうか。

酒井　そうですね。
大川隆法　それにしても、ずいぶん慎重ですね。
酒井　中国の政治家の霊言《れいげん》を何人か録《と》ったなかで、習近平《しゅうきんぺい》氏などは……。
大川隆法　習近平氏は、隙《すき》があり、話が大きかったですね。
酒井　ええ。習近平氏の守護霊は、いろいろなことを言ってきましたが、李克強氏の守護霊は、全然話に乗らないですね。
大川隆法　慎重ですね。それは、地上の本人がインタビューを受けても、そのようになるのではないでしょうか。習近平氏よりも、こちらの人のほうが慎重なようです。
酒井　ええ。この世でのインタビューでも、こんな感じになると思います。
大川隆法　そうでしょうね。ただ、彼の考えの一端《いったん》は出てきたかな。
酒井　そうですね。多少、親米的というか、「米中同盟を結ぶ」という構想などは、習近平氏とは違《ちが》うようです。

大川隆法　ただ、尖閣《せんかく》問題をどうするかについては、十分に攻《せ》め切れなかったかな。

酒井　はい。尖閣のところは、なかなか……。

大川隆法　石原都知事は、「首相は尖閣に上陸せよ」と言っていますが、李克強守護霊は、「石原が上陸したら、撃《う》ち落とすか沈《しず》める」と言っていたので、もし野田首相が尖閣に行った場合も、同じかもしれません。

ただ、「自衛隊は軍隊ではない」などと言っているようでは無理でしょう。基本的に対抗《たいこう》不能です。

酒井　はい。

「日本など争うまでもなく取れる」と見ている李克強氏

大川隆法　「核《かく》」の議論にしても、日本では、それ以前の騒《さわ》ぎが大きすぎて、実際上、なかなかできません。

核ミサイル基地なども、中国のような独裁国家は、黙《だま》ってつくってしまうのです。国民はまったく知らなくてもできてしまうのですから、軍事的には、どう見ても、あちらのほうが強くなります。

日本では、このような議論さえ、すべてばれてしまいます。今、国内には、中国のスパイのような日本人がたくさんいて、すべて本国に〝ご注進〟されるため、すぐにばれてしまうわけです。

酒井　そうですね。

大川隆法　まあ、なかなか、これと交渉《こうしょう》するのは大変でしょうね。

酒井　はい。日本は、「敵」とさえ思われず、完全に呑《の》まれています。

大川隆法　もう、ノミ扱《あつか》いかな（笑）。それとも、岩礁《がんしょう》のようなものでしょうか。

中国大陸のほうから日本列島を地図で見ると、「〝水たまり〟のような日本海から少し離《はな》れた所に、小さな島が浮《う》かんでいる」という程度にしか見えません。中国にとっては、「もっといろいろな所を支配する気でいるのに、こんな小さな島など、なぜ踏《ふ》み潰《つぶ》せないのか」という思いはあるでしょう。その意味で、日本を、「喉元《のどもと》に刺《さ》さった棘《とげ》」のように感じているのではないでしょうか。

酒井　そうですね。彼には、尖閣や沖縄《おきなわ》はもとより、日本自体が小さく見えているようです。

大川隆法　要するに、李克強氏の基本的な戦略としては、アメリカを、ジェームズ・モンローの時代のような「孤立《こりつ》主義」（「他国の紛争《ふんそう》に干渉しない」という外交方針）へと追い込《こ》み、今の日本のように、国内問題に専念させ、「こちらの海洋戦略は中国に任せろ」と言って、形勢逆転に持っていきたいようです。

そういう意味では、「中国経済は、まだまだ発展する必要がある」と見ていて、「それに合わせた軍事力の発展も必要である」と考えているのでしょう。

したがって、その戦略がさらに進めば、日本など、争うまでもなく、無言のうちに取ることができてしまうわけです。

酒井　そんな感じがいたします。

大川隆法　「『実際に戦って取る』と考えるほどでもない」という程度のようです。

酒井　はい。

大川隆法　中国からは、日本の「民主主義」が大変な弱点に見えるのでしょう。「敵ばかりのなかで、あんなにのろのろと議論をしていて、何も決まらない」と見られていて、本当に笑われているのではないでしょうか。

酒井　そうですね。ローマに滅《ほろ》ぼされたカルタゴのような状態で、国内で「ああだ、こうだ」と言っている間に、攻めることができそうに見えるでしょうね。

大川隆法　今回、李克強氏の正体には、十分に迫れませんでしたが、彼の理想とする人を見れば、ある程度、推定はできます。

周恩来《しゅうおんらい》にしても、李世民《りせいみん》にしても、大国の内治《ないち》はとてもうまくいっていましたし、李世民は、外敵との戦いにおいても、ある程度、勝っています。その意味で、「李克強も、大きな国を治めることに対する意欲は持っている」と見てよいのではないでしょうか。

酒井　はい。本日はありがとうございました。

あとがき

おそらく李克強は、中国最高クラスの秀才だろう。スキのない官僚臭《かんりょうしゅう》さえ感じられる。ハーバード出のアメリカ大統領と互角の戦いを演じるつもりだろう。日本の首相など、もはや眼中にはあるまい。

こちら日本は、宗教が、日本の政治外交を指南《しなん》しないと、未来はどちらにもころびかねない現状だ。

本書原稿を読み直して、多少、悪役《あくやく》と思われても、言うべきことは言わなくてはなるまいと肚《はら》をくくった。

中国の外交が「拡張的侵略主義《かくちょうてきしんりゃくしゅぎ》」であることは明白である。国防の準備を急がねば、この国は、世界地図から消えてなくなる。

茶番劇《ちゃばんげき》のような総選挙は、もう結構だ。本当の民主主義は愛国心から生まれることを、国民に訴えなくてはなるまい。

二〇一二年　八月二十一日

幸福《こうふく》の科学《かがく》グループ創始者兼総裁《そうししゃけんそうさい》　大川隆法《おおかわりゅうほう》

『李克強　次期中国首相　本心インタビュー』大川隆法著作関連書籍

『世界皇帝をめざす男』（幸福実現党刊）
『温家宝守護霊が語る　大中華帝国の野望』（同右）
『世界の潮流はこうなる』（同右）
『国家社会主義とは何か』（幸福の科学出版刊）
『マルクス・毛沢東のスピリチュアル・メッセージ』（同右）
『アダム・スミス霊言による「新・国富論」』（同右）
『孫文のスピリチュアル・メッセージ』（同右）
『公開霊言　老子の復活・荘子の本心』（同右）
『中国「秘密軍事基地」の遠隔透視』（同右）

李克強《りこくきょう》 次期《じき》中国首相《ちゅうごくしゅしょう》 本心《ほんしん》インタビュー
——世界征服戦略の真実——

2012年9月7日　初版第1刷

著　者　　大《おお》 川《かわ》 隆《りゅう》 法《ほう》

発　行　　幸福実現党
〒107-0052 東京都港区赤坂2丁目10番8号
TEL(03)6441-0754

発　売　　幸福の科学出版株式会社
〒107-0052 東京都港区赤坂2丁目10番14号
TEL(03)5573-7700
http://www.irhpress.co.jp/

印刷・製本　株式会社 堀内印刷所

落丁・乱丁本はおとりかえいたします

ISBN978-4-86395-234-8 C0030
Photo: ロイター／アフロ

大川隆法 ベストセラーズ・アジア情勢の行方を探る

ヒラリー・クリントンの政治外交リーディング

同盟国から見た日本外交の問題点

竹島、尖閣と続発する日本の領土問題……。国防意識なき同盟国をアメリカはどう見ているのか？　クリントン国務長官の本心に迫る！

【幸福実現党刊】

1,400円

世界皇帝をめざす男

習近平の本心に迫る

中国の次期国家主席・習近平氏の守護霊が語る「大中華帝国」が目指す版図とは？　恐るべき同氏の過去世とは？

【幸福実現党刊】

1,300円

北朝鮮 —終わりの始まり—

霊的真実の衝撃

「公開霊言」で明らかになった北朝鮮の真実。金正日が自らの死亡前後の状態を、後継者・金正恩の守護霊が今後の野望を語る。

【幸福実現党刊】

1,300円

※表示価格は本体価格(税別)です。